日本人が知っておくべき

「戦争」の話

KAZUYA【著】

KKベストセラーズ

まえがき　〜「大東亜戦争」とはいったい何だったのだろう?

結果としてみると、「大東亜戦争」は世界史にとって大きな意味を持っています。それこそ〝世界地図〟が大きく変わってしまいました。列強の植民地化が進んでいたアジア諸国に、「非白人でもやればできるんだ！」との希望をもたらしました（5ページの図参照）。

大東亜戦争が終わり、アジア諸国には独立へ向けた戦いが続々と起こり、独立を勝ち取って行きました。日本人の中にも、これらの独立に協力した人が多くいます。

もちろん、日本自身が滅んでは元も子もありませんから、敗戦を反省することは必要でしょう。しかし、あまりに大東亜戦争を否定する論調が多すぎて、日本人自身がしっかりと歴史を「直視」できていない現状があります。

テレビを観ても、新聞を読んでも、主流は「日本ダメ論」であって、ありのままに歴史を見ることすらしません。

そんな言論空間にあって、僕はインターネットの「動画サイト」で、政治だったり歴史だったり、最近の話題を取り上げつつ「まず、日本に興味を持つきっかけとなってほしい」と思い、日々動画をつくっています。

ありがたいことに、今では「YouTube」で約30万人、「ニコニコ動画」でも約10万人もの方々にチャンネル登録やお気に入り登録していただけるまでになりました。


日本の先人たちはなぜ戦争に向かって行ったのか？


それは単純に、「日本が悪かったから」というものではないのです。何事も、原因があって結果があります。ところが、その原因の部分を日本では教育やマスコミでもあまり取り上げません。

「近代は暗黒だ！」として触れたがらない人もいるのかもしれません。確かに僕も学校の授業だけ聞いていたら、「昔の日本って悪いんだな～」と漠然と思っていたでしょう。しかし調べてみると、「日本だけ悪いことにされているけれど、そんなこともないんだな」という思いを強めていきます。

交通事故にしてもそうですが、一方だけが100%悪いなんていうことは稀《まれ》です。両者ともにその要因があることが常なのです。戦争は複雑な要因が絡み合い、決して「日本が侵略したいから侵略した」というような単純な話ではありません。

戦争関連でいうと、最近は……というかずっと、中国や韓国は日本に対して文句を言ってきています。確かに戦前、朝鮮半島は日本領でした（左ページの図参照）。しかし、それは欧米列強の「植民地」とは違い、「併合」でした。なぜ、そうなったのか？ 本書で詳しく説明していきます。

「どうして彼らはこんなに騒いでいるのだろう？」と不思議に思います。それも70年以上前のことについて……。

この原因を探る上でも「近代の歴史をもう一度見直す必要があるのではないか。特に、大東亜戦争へ至る道筋を辿《たど》るべきではないか」との思いが強くなり、それが今回の出版に繋がりました。

ちなみに「大東亜戦争」という名称ですが、現在では「太平洋戦争」、もしくは「アジア・太平洋戦争」と表記することが多いように思います。

「大東亜戦争」〝以前〟と〝以後〟のアジア諸国

1941年（昭和16年）の開戦後、「『支那事変』（こちらも現在では「日中戦争」と呼ぶことが多いですが、当時は支那事変と呼ばれていました）を含む戦争を『大東亜戦争』と呼称する」と閣議決定しています。

しかし戦後、GHQが日本政府の主張を反映しているとして、大東亜戦争の名称を禁止してしまいます。その後、太平洋戦争の名称が定着していくことになりますが、戦線は太平洋だけではありませんから、大東亜戦争のほうがわかりやすいのです。

当時の感覚を尊重するという意味で、本書では大東亜戦争の名称を使用します。同様に、日中戦争も支那事変とします。

今年は終戦70年ということで、戦争にまつわる本や話題が多くなっています。この本で、日本人が未だに束縛《そくばく》され続けている大東亜戦争を知るきっかけになればと思います。

KAZUYA

日本人が知っておくべき「戦争」の話 ◎目次

第2章 「朝鮮半島」と「日清・日露戦争」 非白人の希望だった、アジア唯一の強国・日本

第3章
戦争が日常だった、「世界大戦」の時代
「第一次世界大戦」、そして「満州事変」へ

第4章 泥沼化する「支那事変」
ルールなしの大陸で、苦闘し続ける日本軍

第5章 「対米開戦」へ 日本はなぜアメリカと戦ったのか？

結びにかえて

「平和」を望むなら、「戦争」を語れ
「本当の歴史」を次世代へ！

※本書の引用部分につきまして、原文の記述を損なわない範囲で一部要約した箇所があります。
※敬称につきまして、一部省略いたしました。役職は当時のものです。
※5ページの図は『日本とアジアの大東亜戦争』吉本貞昭（ハート出版）の147ページの図を引用参考にして、編集部が作成したものです。

序にかえて◆「歴史」の大切さを知る

日本人が知らない、日本の「戦争」

中国、韓国、アメリカなどの
“外国目線”ではなく、
自らの歴史観を持ちましょう！

【日本を恐れていたアメリカ】

「日本人を二度と立ち上がらせるな！」

「戦争」の話 其の *1*

今年2015年（平成27年）は、「戦後70年」と言われています。1945年（昭和20年）に日本が「大東亜戦争」に敗戦してから70年になるわけですが、現代まで続く諸問題の発端《ほったん》は実はその年の8月15日からが本番だったのです。

敗戦後、「GHQ（連合国軍総司令部）」が日本を軍事占領しました。GHQは連合国軍総司令部という名前の割には実質的にアメリカ軍単独で運営され、「日本が二度とアメリカの脅威《きょうい》にならぬよう徹底的な弱体化を図ること」を目的に、日本のあらゆる制度や風習を強制的に変更していきました。

アメリカ人は日本人の強さや精神力を恐れていました。特に、大東亜戦争末期の「神風特攻《かみかぜとっこう》」や「硫黄島《いおうとう》の戦い」「沖縄の戦い」では、その時点で圧倒的な物量を持っていた米軍を心底恐怖させたのです。アメリカが日本のことを「大したことはない」と侮《あなど》っていたとしたら、戦後、ここまで徹底的な弾圧や教育破壊を行わなかったでしょう。

ＧＨＱは〝力〟を背景に「公職追放」を実施し、約20万人の政治家や公務員、マスコミ関係者などが職場から追放されました。わかりやすく言えば、「ＧＨＱの意に沿わないと見なされれば追放」です。まともな日本人は、ここでほとんど追放されてしまいました。そうなれば多くの人が萎縮《いしゅく》するのも当然の話です。ＧＨＱ側に流れていくというのもある意味人情でしょう。

「当時の人はなぜ反対しなかったのか！」と現在の感覚でお怒りの方もいるでしょうが、当時は生きるのに必死な時代です。物質的に恵まれている現代からすると異質な感覚かもしれませんが、当時は仕方がなかったと言えましょう。

公職追放の結果として、〝ＧＨＱの意に沿う人〟ばかりが日本社会の中枢《ちゅうすう》を占めることになります。この影響が未だに続いているのです。

また、ＧＨＱは〝組合〟も奨励《しょうれい》します。こうした流れで「日教組《にっきょうそ》（日本教職員組合）」なども出てくるわけです。日本を弱体化させるために、組合を奨励したというのは興味深いことです。つまり、日本国内に対立軸をつくり出すことによって、日本人が再び立ち上がらないようにしているのです。

「戦争」の話 其の2

【GHQの占領政策】

戦後、日本人の「精神」も焼け野原になってしまった……

米軍による「無差別空襲」という名の〝大虐殺《だいぎゃくさつ》〟によって、多くの日本人が亡くなりました。多くの都市も焼かれ、焦土《しょうど》と化します。

先ほども書いたように、GHQの目的は「日本が二度とアメリカの脅威にならぬよう徹底的な弱体化を図ること」です。その点で「教育」が大きな意味を持つことになります。日本人の〝精神〟をも焼け野原にしようとしたのです。

1945年（昭和20年）12月31日には、「修身、日本歴史及ビ地理停止ニ関スル件」という指令がGHQから出されます。これはタイトルそのままの意味で、「GHQの指示があるまで、修身・歴史・地理の授業を停止する」ということです。

ここまで徹底的に手を突っ込むあたり、アメリカ人は相当〝日本人の精神性〟を恐れていたのだと推測されます。

「修身」というと現代では聞きなれない言葉ですが、戦前は小学校での授業として実施されていました。現代で言うところの「道徳」のような授業です。

ところが当時の教科書を読むと、現代の道徳の授業とはやはり違う印象を受けます。偉人の事例などをもとに、彼ら偉人がどのように身を立てたかなど、日常生活にかかわる普遍的な理念を当時の小学生は修身の授業から学んでいたのです。

「戦前の教育は〝日本万歳！〟のみ」という印象をお持ちかもしれませんが、修身の教科書には「海外の偉人の話」も出てくるのが印象的です。修身については、拙著『バカの国』（アイバス出版）に書きましたので、よろしければご参照ください。

さて、停止された授業はのちに順次再開されていくわけですが（「修身」は除く）、その教育内容は戦前を全否定し断罪。そこから、「日本が悪かったから天罰が下ったのだ」という〝自虐史観《じぎゃくしかん》〟の流れができてしまいます。

冒頭に無差別空襲の話をしましたが、例えば「東京大空襲」では約10万もの人命が失われました。「戦争にはルールがない」というイメージがあるかもしれませんが、そんなことはありません。非戦闘員の殺傷は、〝国際法違反〟なのです。

アメリカは東京大空襲をはじめ、軍事施設だけではなく、非戦闘員を狙って大虐殺を繰り返したわけです。しかし、そういったことは一切不問に付されています。それもすべて、「日本が悪いから天罰が当たった。米軍は解放軍だ！」という理屈で片づけられてしまいました。

さらに、連合軍は「極東国際軍事裁判（東京裁判）」と称する裁判の名に値しない〝復《ふく》讐《しゅう》のためのショー〟を開き、事後法である「戦争犯罪（「平和に対する罪」や「人道に対する罪」）」とやらで日本人を裁きました。しかし、戦争犯罪というのであれば、連合軍の犯した戦争犯罪はどうなるのでしょう。

先ほどの東京大空襲にしても、もはや抵抗能力を失った時点での広島・長崎への原爆投下にしても、連合国側が行った大虐殺は、一切裁かれていないのです。

東京裁判の欺瞞《ぎまん》は、多くの識者が指摘しています。

私は1928年から45年（昭和3年から20年）の18年の歴史を2年8ヶ月かけて調べた。とても普通では求められないような各方面の貴重な資料を集めて研究した。この中には、おそらく日本人も知らなかった問題もある。それを私は判決文の中で綴《つづ》った。この私の歴史を読めば、欧米こそ憎むべきアジア侵略の張本人であることがわかるはずだ。然《しか》るに日本の多くの知識人たちは、ほとんどそれを読んでいない。そして自分らの子弟に「日本は罪を犯したのだ」「日本は侵略の暴挙をあえてしたのだ」と教えている。満州事変から大東亜戦争にいたる真実の歴史を、どうか私の判決文を通して十分に研究していただきたい。

（1952年／昭和27年の「広島高等裁判所」での講演より）

これは東京裁判で判事を務めたラダ・ビノード・パール氏の発言です。
国際法の専門家であるパール氏は「平和に対する罪や人道に対する罪は戦勝国によってつくられた事後法であって、事後法で裁くことは国際法に反する」ということで、被告人全員の無罪を主張しています。
もちろん今さらこうしたことで、どこかの国のように「謝罪と賠償《ばいしょう》を！」などというキャンペーンを張る必要はありません。しかし歴史を見るということは、こうした連合軍の犯罪についても公平に学ぶべきではないでしょうか。

「戦争」の話 其の3

【歴史の授業がつまらない理由】

日本の「戦争」はまだ終わっていない

個人的には昔から歴史の授業が好きでした。なぜかというと、肖像画が載っているからです。肖像画に落書きをするのが好きで（本当はいけませんが……）、そこから興味を持ったというクチです。

しかし好きとは言っても、教科書を見ていてもあまり楽しいものではありませんでした。土器をいろいろと覚えたり、どこにどの遺跡があるかを覚えたりという暗記科目だったからです。

授業が進んでいくと唐突に「天皇」が登場しますが、その起源については一切スルー。テレビのニュースを観ると天皇皇后両陛下の動静が伝えられるのに、天皇がどういう存在なのかがよくわからないのです。

〝近現代〟になると「授業時間がない」とかで、簡単に触れるだけ。悪い先生に当たると、徹底的に自虐史観を叩き込まれます。「日本は悪かった。戦前は闇だった……」。こうした授業を聴き続けていて、〝日本の凄《すご》さ〟を自覚することは稀でしょう。

基本的に歴史の授業は事象の羅列であり、流れがわからないのです。さらに、敗戦後の教科書からはGHQの指導によって、日本人が自信を持つような記述は一切なくなりました。今でも何に配慮しているのかわかりませんが、日本人の歴史教育を日本人自身ができていない状況です。

自虐を煽《あお》るマスコミや知識人の存在も大きいと思います。最近ではようやく自由な議論ができるようになりましたが、それでもまだまだ日本の言論空間は自虐に覆われています。

ある意味GHQの政策は見事です。「日本人の精神を焼け野原にする」という目的は大いに達成できています。ただ考えてみると、これは戦後に生まれた私たちが、自分たちの祖父母世代の人たちを貶《おとし》めていることでもあるのです。

本当にGHQがつくり上げた悪魔のような日本人像が正しいのであれば、私たちの祖父母たちは気の狂った悪魔のような人格でなければおかしいのです。しかし、これまでそうしたおじいさん、おばあさんに出会ったことがありません。

私たちの祖父母の名誉のためにも、今こそ歴史を見直すべきではないでしょうか。

「大東亜戦争へ至る道」をこの本では取り上げていきますが、大東亜戦争という事象だけ見ても本質はわかりません。

たとえるなら、交通事故のようなものです。交差点のど真ん中で追突しているクルマがあったとしましょう。後からこの現場だけを見ても、どちらにどれくらいの非があるのかはわかりません。少し時間を巻き戻してみる必要があります。

大東亜戦争を知るために、まずは江戸時代から始めてみましょう。

第１章◆「アヘン戦争」と「日本の開国」

列強の“魔の手”が東アジアに迫りくる！

〝きれいごと〟と〝暴力〟で
巧《たく》みに植民地を支配する列強。
祖国を守るためには、
「経済力」と「軍事力」が必要でした！

「戦争」の話
其の 4

【江戸時代の日本】

平和ボケだった⁉「鎖国」の時代のニッポン

ご存知のように、江戸時代の日本は「鎖国」の時代でした。この体制のもとで、江戸の人々は「太平の世」を謳歌《おうか》します。

鎖国は何も非武装だったわけではなく、武装中立でした。現在もそうですが、世界は結局〝弱肉強食〟です。

現代の一例を挙げるとするならば、私たちが「国連（国際連合）」と呼んでいるものがあります。これは邦訳する際に「国際連合」と訳されました。意図的かどうかは知りませんが、本来の意味合いが消されています。英語で書くと「United Nations」、つまり「連合国」なのです。

第二次世界大戦の連合国がそのまま繋がっており、常任理事国を見てもアメリカ、イギリス、フランス、ロシア、中国と〝戦勝国〟とされる国家で占められています（中国に関しては疑問がありますが)。

理想とは別に、やはり〝力〟が秩序をつくっているという現実があります。江戸時代の日本は、戦国時代の流れから軍事力がとても優れた国でした。ヨーロッパから日本に来るまでに数年かかるなど移動にも時間がかかりすぎるため、列強といえども簡単には侵略できません。軍事力と地理的条件によって、鎖国を実施することができたのです。

一方、ヨーロッパではどうだったか。19世紀において世界の大国といえば、イギリス、ロシア、フランス、オーストリア、プロイセンの5カ国です。

「フランス革命」と「ナポレオン戦争」の後、ナポレオンによって変えられてしまった国境線や秩序を再構築するため、1815年(文化12年)に「ウィーン会議」が開かれました。このウィーン体制のもと、ヨーロッパでは大きな戦争は起こらず安定期に入ります。

安定するとどうなるか? 勢力圏を拡大するために〝外〟に目が向きます。

なぜ、外に出て行くのか? それは気候にも要因があるように思います。

1ヘクタールあたりの牧草収穫高は、イギリスでは乾草3・6トン、生草14・4トン。フランスは乾草5トン、生草20トンという具合です。日本は乾草30~70トン、生草

120~300トンですから、日本の大地がどれだけ肥沃《ひよく》かがよくわかります。

気候的にも恵まれないヨーロッパでは、真面目《まじめ》に作物を育てるより略奪したほうが簡単であり、生きるためには必要なことだったのです。

宗教観の違いもあるでしょう。日本は自然に恵まれ、略奪などしなくても良かったために「自然信仰」が生まれたのだと思います。自然信仰が強まる要因としては、他にも地震や津波など、自然災害が多いことも挙げられます。土地は肥沃といっても、どうにもならない自然災害もありました。生きる糧《かて》である作物を得るためには、自然に依存する必要があります。だからこそ自然に対する畏怖《いふ》が生まれ、自然を敬《うやま》うという考えになったのではないでしょうか。

キリスト教などの一神教は、「神が自分に似せて人間をつくり、その下に動物や他のものを創造した」としています。人間は神に代わって動物を家畜にし、殺しても構わないという信仰に繋がっていきました。これもまさに、ヨーロッパの厳しい自然環境がつくり出したものではないでしょうか。

「奴隷《どれい》」という発想も、こうした宗教観をもとにしているように思います。つまり、彼らは「奴隷は人間ではない」と思っているからこそ、奴隷にできるのです。とうてい日本人には理解できない感覚です。

奴隷にしても、植民地獲得のために現地住民を虐殺したことなどにしても、「神の名」において行われました。神の名においては、すべて正当化されるのです。

太平の世を謳歌していた江戸時代の日本人ですが、魔の手は刻一刻と迫っていたのです。鎖国を始めたときは大きかった軍事力も、戦争ばかりやっていたヨーロッパに比べると見劣りしたものになっていきます。

1808年（文化5年）に、「フェートン号事件」が起こります。当時、長崎出島《でじま》での交易を許されていたオランダでしたが、ナポレオン戦争によって本国オランダは蹂躙《じゅうりん》されていました。オランダ船を拿捕《だほ》するために、イギリス船（フェートン号）が出島にやってきます。フェートン号はオランダ船に偽装して長崎に入り長崎奉行所を油断させ、奉行所の商館員を拉致《らち》。オランダ船を捜索しながら薪《まき》や水、食料を求めました。人質をとられ、十分な兵力もなかった日本側は、泣く泣くその要求を呑《の》んだのです。

この事件以降、日本の知識人の間では「イギリスってやばいんじゃないか……」との認識ができ始めます。

【意味不明な「アヘン戦争」】

いちゃもんをつけて、「清」に戦争をふっかける「イギリス」

「戦争」の話 其の5

少し時間は流れ、さらなる衝撃的な出来事が起こります。それは、1840年（天保11年）にイギリスと清との間で起きた「アヘン戦争」です。

はっきり言って、「イギリスはぐうの音《ね》も出ないほどの畜生《ちくしょう》だな」としか言いようがないのですが、戦争の経緯を見てみましょう。

まず前提として、イギリスと清は貿易を行っていました。イギリスは清から茶や絹《きぬ》を輸入します。イギリスから清へは一部富裕層向けのものはあったにしろ、輸出するものが少ないという状態です。これはイギリスからすると、銀の一方的な流出になります（当時は「銀」が貨幣の役割をしていました）。「これはいかん」ということで、イギリスは清に「アヘン」（麻薬の一種）を密輸するようになったのです。

清ではアヘンが大流行してしまいます。そして、銀はイギリスに逆流し、高騰《こうとう》していきます。

清の欽差《きんさ》大臣・林則徐《りんそくじょ》はアヘンの厳しい取り締まりを行い、不法に持ち込んだものは焼却します。林則徐はアヘン商人の賄賂《わいろ》にも応じず、毅然《きぜん》とした態度で取り締まりを行いました。考えてみるとこれは当たり前の話で、何も行き過ぎた行為ではないでしょう。

しかし！　イギリスがこれに激怒して、清に戦争をふっかけます。

この戦いに勝利したイギリスは、香港《ホンコン》の割譲《かつじょう》をはじめ、上海《シャンハイ》などを開港すること、開港地にイギリス領事を置くこと、多額の賠償金を支払うことなどを清に課《か》します。


こうした意味不明なアヘン戦争の情報は、日本にも伝わります。「清は強国」という認識を持っていた日本ですが、「アヘンを取り締まったら戦争をふっかけられた。挙句《あげく》に負けて、散々な目にあわされた」という清の悲しい末路を聞き、「やっぱり、イギリスってやばいわ」という認識を持ちます。そして、「改革の必要性」を再認識させられるのです。

1842年（天保13年）にオランダ船から、「アヘン戦争終結後にイギリスが通商を要求するために日本に来る計画がある」という情報がもたらされると、江戸幕府は「異国船打払令」を緩和《かんわ》することにしました。これはもちろん戦争を避けるためです。さらに、「天保の薪水給与令《しんすいきゅうよれい》」を出して、漂着した外国船には薪や食料を提供することにしました。

もはや鎖国体制をとるだけの軍事力がないのは明白で、日本は瀬戸際《せとぎわ》に立たされていました。そんな中、1853年（嘉永6年）にアメリカからはマシュー・ペリー、ロシアからはエフィム・プチャーチンが来航します。

「戦争」の話 其の6

【ペリー来航の背景】

ロシア、イギリスより、アメリカのほうがマシ！

1853年に（嘉永6年）、ヨーロッパで「クリミア戦争」が勃発《ぼっぱつ》します。フランス、イギリスなどの同盟国とロシア、イタリアなどの同盟国との大規模な戦争でした。戦いの舞台は、クリミア半島やドナウ川周辺、さらにはカムチャッカ半島にも及んでいます。

この戦争で欧州大国が手を焼いているときに、ペリーがインド航路を経て浦賀にやってきました。さらに、ロシアからはプチャーチンがやってきます。

はっきり言って、この時点でのアメリカは大国ではありません。その証拠と言いますか、ペリーより前（1846年／弘化3年）に日本にきた東インド艦隊（アメリカ海軍）の司令官ジェームズ・ビドルは追い返されています。

「黒船来航」というと〝恐怖〟として映るかもしれませんが、むしろ当時の日本からすると〝ラッキー〟くらいの感覚がありました。というのも、前途したようにヨーロッパはクリミア戦争の渦中《かちゅう》にあり、敵対していたイギリスかロシアのどちらにつくかが日本にとって大きな問題だったからです。つまり「対応を誤ると、イギリス、ロシアどちらかの属国、もしくは植民地になるかもしれない」という状況です。

このデリケートな情勢下では、当時中途半端なパワーを持っていたアメリカ（決して「大国」ではない）とまず条約を結ぶのが賢明だったのです。

ペリー来航の翌年（1854年／安政元年）、「日米和親条約」が締結されます。学校の授業でやったので覚えているでしょう。これはいわゆる〝不平等条約〟で、その後の明治外交の懸案《けんあん》になります。下田と箱館を開港すること、アメリカ船が必要とする燃料や食料を提供すること、アメリカに対し一方的な「最恵国待遇《さいけいこくたいぐう》」を与えることなどを取り決めました。

最恵国待遇というのは、アメリカ以外の国と結んだ条約が、アメリカと結んだものよりも好条件の場合、アメリカにも自動的に同じ条件を適用するというものです。これが一方的に決められたので、不平等条約というわけです。

さらに、その翌年にはロシアのプチャーチンが再び来航し、「日露和親条約」が締結されました。このとき、国境についての話し合いも行われました。

日露の国境は択捉島《えとろふとう》と得撫島《うるっぷとう》の間に設定し、樺太《からふと》は両国人が雑居する地として境界が定められませんでした。現在も「北方領土問題」を話すときには、必ずこの条約が出てくるので覚えておくといいでしょう。

ロシアに続いて、イギリス、オランダ、フランスとも類似《るいじ》の内容の条約を結び、日本は世界の荒波の中に突入していくことになります。

鎖国して暮らしていけるのであれば、それで良かったのではないかと思います。しかし、世界情勢はそれを許さなかったのです。現代もそうですが、自国だけで「平和！平和！」と言っていても意味がありません。

当時は〝力がすべて〟です。形は変わっていますが、理屈は今も変わりません。大きな力にのみ込まれて植民地となるか、それとも力をつけて独立を保つか。この2つの選択を迫られ、日本は「独立の道」を選びました。〝激動の時代〟の幕開けです。

「戦争」の話 其の7

【江戸幕府の後継者問題】

家茂か？ 慶喜か？ 〝将軍選び〟での仁義なき戦い

「日米和親条約」という不平等条約を呑んだ日本ですが、アメリカ側はさらに通商（外国との商取引）を求めてきます。アメリカ駐日総領事として下田に駐在していたタウゼント・ハリスは、1857年（安政4年）に将軍徳川家定《いえさだ》に謁見《えっけん》し、「通商ヤラないか」と強く迫りました。もはや〝脅し〟です。

なぜかここで老中堀田正睦《ほったまさよし》は、本来は幕府が政治を任されているのに、朝廷にお伺《うかが》いを立てたのです。これには通商条約をめぐる国内対立を、勅許《ちょっきょ》を得ることによって抑えようとしたのと、責任を共有することの両面を狙ったのでしょう。しかし、孝明《こうめい》天皇はその条約に反対でした。攘夷《じょうい》の流れもあり、堀田は勅許を得ることはできませんでした。

国際情勢をみると、1856年（安政3年）に「アロー戦争」が起こります。これにより、清はまたイギリス、そしてフランスに敗北し、「天津《てんしん》条約」を結ぶことになりました。ここでも清は不平等な条約を結ばされます。当然、日本にも危機が迫ります。

ここに至って大老の地位についた井伊直弼《いいなおすけ》は、勅許を得ることなくハリスと1858年（安政5年）に「日米修好通商条約」を結びました。このときハリスは「イギリスとフランスはかなりやばいぞ！」と、日本に対し英仏の脅威を説《と》き、早期締結を迫ったと言います。

日米和親条約とセットで習いますが、こちらも不平等条約です。受験生が必ず覚える「関税自主権」と「領事裁判権」もここで登場してきます。

簡単に説明すると、関税自主権とは関税を自国が自主的に決める権利のこと。日米修好通商条約ではこの権利が日本側にだけなく、日米で談合して決める協定関税性をとるというものでした。

領事裁判権とは日本でアメリカ人が何かをやらかして裁判する場合、本国（アメリカ）の法に基づいて本国の領事が行うというものです。反対に、日本側にはこの権利がありませんでした。

幕府の政治は混迷を極めます。もめていた将軍後継問題では、井伊直弼は徳川家茂《いえもち》を第14代将軍に据《す》えます。ちなみに、このとき家茂は13歳です。

なぜそんなに問題になったかといえば、13代将軍家定に子がなかったためです。この継嗣《けいし》問題では越前藩主松平慶永《まつだいらよしなが》、薩摩藩主島津斉彬《しまづなりあきら》、土佐藩主山内豊信《やまうちとよしげ》ら雄藩《ゆうはん》（勢力が強い有力藩のこと）は徳川斉昭《なりあき》の子で一橋《ひとつばし》家の徳川慶喜《よしのぶ》を推し（一橋派）、幕閣（幕府の最高首脳部）は家定に血統の近い徳川慶福《よしとみ》（のちの家茂）を推して、対立構造になっていました。

そんな中で強引に跡目を決めた上、日米修好通商条約の件でも批判が多かった井伊直弼は「安政の大獄《たいごく》」を実施。有名どころだと吉田松陰《よしだしょういん》らを処刑します。

しかし、井伊直弼自身は「桜田門外の変」によって暗殺されてしまいます。

【明治の夜明け】

「五箇条の御誓文」にある、重要なメッセージ

「戦争」の話 其の8

まだまだ強いながらも幕府の威信が確実に落ちていく中で、天皇の影響力が増していきます。当時の知識人層の中では「尊皇《そんのう》思想」がありました。その流れの中で、幕府も〝公武合体《こうぶがったい》〟路線になっていきます。

この辺りを掘り下げると大変なことになるので端折《はしょ》りますが、「長州」対「一橋派&薩摩」という構図から、紆余曲折《うよきょくせつ》を経て坂本龍馬らで有名な「薩長同盟」が成り立ち、「長州&薩摩」対「一橋派」という構図に移り変わっていきます。

若くして将軍になった徳川家茂は、1866年（慶応2年）に死去します。さらに、孝明天皇も流行病で崩御《ほうぎょ》されます。薩長は〝倒幕〟路線を進めます。

そんな中で15代将軍になった徳川慶喜が、1867年（慶応3年）に「大政奉還《たいせいほうかん》」を行います。慶喜には「朝廷にしても、薩長にしても、政権運営能力がないから自分に泣

きついてくるだろう」という読みがあったと思います。

しかし薩摩藩の大久保利通《おおくぼとしみち》は、徳川慶喜の排除を決めます。さらに、すべての官職と領地を返せという「辞官納地《じかんのうち》」も要求します。慶喜からすると「⁉」という感覚でしょう。

これによって旧幕臣の会津《あいづ》・桑名《くわな》藩士が激怒します。慶喜はいったん大阪に退《しりぞ》きますが、のちに会津・桑名藩兵を率《ひき》いて上京しようとします。ここにおいて薩長を中心とする新政府軍との間に「鳥羽伏見《とばふしみ》の戦い」（１８６８年／慶応4年）が起こり、「戊辰《ぼしん》戦争」へと繋がっていきます。

新政府軍は戦闘に勝利し、戦意を失った慶喜は恭順《きょうじゅん》の意を示して「江戸城無血開城」となります。

内戦が長期にわたることは危険でした。なぜかというと、内戦が長期化することによって外国の干渉を受ける可能性があるからです。植民地化を防ぎ、日本が独立を確立していく上でもとても重要な意味を持ちます。

二百数十年に及んだ江戸時代の変革において、失われた命というのは他国と比較してもあまりにも少ないことが奇跡的です。同時期、アメリカの「南北戦争」では死者62万人、フランスの「パリ＝コミューン事件」では10日ほどの市街戦で約3万人が亡くなっています。

一方、「戊辰戦争」での死者は8200人ほどで、比較すると随分と少ないものになっています。こうして明治新政府のもと、日本は近代化を進め、世界の中で独立へ向けて邁進《まいしん》していくわけです。

五箇条の御誓文《ごせいもん》（1868年）は、そうした中での基本的な政治的柱となります。ここで五箇条の御誓文を確認してみましょう。理念は現代にも通じるところがあるのではないでしょうか。

【五箇条の御誓文】

一、広く会議を興《おこ》し、万機《ばんき》公論に決すべし

一、上下《しょうか》心を一にして、盛《さかん》に経綸《けいりん》を行ふべし

一、官武一途《いっと》庶民に至る迄、各《おのおの》其《そ》の志《こころざし》を遂げ、人心《じんしん》をして倦《う》まざらしめん事を要す

一、旧来の陋習《ろうしゅう》を破り、天地《てんち》の公道《こうどう》に基くべし
一、知識を世界に求め、大《おおい》に皇基《こうき》を振起《しんき》すべし
我国未曾有《みぞう》の変革を為《な》さんとし、朕躬《ちんみ》を以て衆に先んじ、天地神明に誓ひ、大いに斯国是を定め、万民保全の道を立んとす。衆亦此《またこの》趣旨に基き協心努力せよ。

現代口語文は以下のようになります。

一、広く人材を求めて会議を開き議論を行い、大切なことはすべて公正な意見によって決めましょう。
一、身分の上下を問わず、心を一つにして積極的に国を治め整えましょう。
一、文官や武官はいうまでもなく一般の国民も、それぞれ自分の職責を果たし、各自の志すところを達成できるように、人々に希望を失わせないことが肝要です。
一、これまでの悪い習慣を捨てて、何ごとも普遍的な道理に基づいて行いましょう。
一、知識を世界に求めて、天皇を中心とするうるわしい国柄《くにがら》や伝統を大切にして、

大いに国を発展させましょう。

これより、わが国は未だかつてない大変な変革を行おうとするにあたり、私はみずから天地の神々や祖先に誓い、重大な決意のもとに国政に関するこの基本方針を定め、国民の生活を安定させる大道を確立しようとしているところです。皆さんもこの趣旨に基づいて心を合わせて努力してください。

（出典：明治神宮）

現代にも通じる文章ではないでしょうか。

ちなみに五箇条の御誓文は、大東亜戦争敗戦後の１９４６年（昭和21年）元旦に出された「新日本建設に関する詔書《しょうしょ》」にも出てきます。この詔書はいわゆる天皇の「人間宣言」と呼ばれ、有名です。

「天皇」という言葉に過剰《かじょう》反応する人がいるのですが、日本は天皇という存在が常にあったからこそ日本であり続けることができました。

学校の授業で習わないのがおかしいのですが、天皇という存在はいつの時代も「権威」の存在であったということです。江戸幕府にも見られるように、「権力」はその時代を治める幕府なりが担《にな》い、実際の政治を行います。

天皇は権力に対して権威を付与する存在です。この感覚は神話の時代から変わることなく、現在の「日本国憲法」においても同じです。天皇というのは日本の国柄そのものなのです。

こうしたことすら教えない〝戦後教育〟というのは、やはり異常だとしか言いようがありません。

さらに、私たちの親の世代も戦後教育で育っていますから、このままだと次世代に皇室の重要性が伝わらないことも考えられます。このことを考えてみても、ＧＨＱはある意味〝見事！〟と思ってしまいます。

【独立への道】

「富国強兵」をするか、「植民地」になるか

「戦争」の話 其の9

当時は、力がなければ食われる時代です（今も変わりませんが……）。そうした世界の荒波に放り込まれた日本としては、独立を保つためには強くなるしかありませんでした。だからこその「富国強兵《ふこくきょうへい》」だったのです。

国全体が一致団結し、外国の脅威に対抗するしか道はありません。そのためには、中央集権の国民国家をつくり上げることが急務でした。

まずは「富国」です。新体制で改革をやるにはお金が必要になります。そこで「地租《ちそ》改正」を実施。紆余曲折を経て、財源は少しずつ安定していきます。産業を育成し、「貨幣制度」「金融制度」を整えるなど、膨大《ぼうだい》な改革を進めていきます。

明治初期には外国の制度や知識を取り入れるために、海外から「お雇《やと》い外国人」を招《しょう》聘《へい》していました。彼らの給料はとても高額で、当時の官職最上位である太政大臣《だじょうだいじん》と肩

を並べるほどです。様々な改革でお金が足りない中でも、そこまでお金をかけて近代化に命をかけていたのです。

国民意識にしても、一万円札でおなじみの福沢諭吉《ふくざわゆきち》が書いた『学問のすゝめ』が大べストセラーになります。中村正直《なかむらまさなお》はイギリスのサミュエル・スマイルズが書いた『self help(自助論)』を邦訳、『西国立志編《さいこくりっしへん》』として出版。これを多くの日本人が読みました。当時の日本人の意識の高さこそ、日本が植民地にならず独立を保てた所以《ゆえん》ではないでしょうか。

江戸時代の基礎的な日本人の学力の高さも、明治維新を成し遂げた大きな要因でしょう。江戸時代は、一般庶民も寺子屋で教育を受けていました。そのため識字率も当時の世界各国と比べてばつぐんに高かったのです。

一方で、急速な西欧化は危ういものでもありました。つまり、日本の伝統や文化のよいところまで捨ててしまい、新しいものを求めたのです。この現象は今もたいして変わらないかもしれませんが……。

これを見たドイツ人医学者のエルヴィン・フォン・ベルツは、「いや、日本は捨てすぎだろう。自国の文化や歴史を尊重できないようでは他国からも尊敬されんぞ!」と、批判しています。

次に「強兵」です。日本の近代軍の創設においては、靖国神社の〝待ち合わせの銅像〟でおなじみの大村益次郎《おおむらますじろう》の役割が欠かせません。大村は「国民皆兵《こくみんかいへい》」による国民軍の創設を提唱しますが、彼は一部の反動的な武士によって殺されてしまいます。大村の後を継いで具体化していくのが、山縣有朋《やまがたありとも》です。

初期の日本軍は陸軍がフランス式（のちにドイツ式に移行していく）、海軍がイギリス式を学び近代軍を創設していきます。

戸籍も整備されていき、1873年（明治6年）に「徴兵制」を敷くのですが、兵役免除規定があるなど緩《ゆる》く、兵役逃れも横行していました。その後何度かの改変を経て、「国民皆兵」に近づいていきます。

現代政治でも「改革！　改革！」と言っていますが、明治維新の比ではありません。当時の人々は日本の存亡をかけ、必死だったのです。逆に、今は口で言うだけで〝危機感〟が足りないように思います。

「戦争」の話 其の 10

「日本」とはどういう国なのか？

【「大日本帝国憲法」の制定】

懸案である不平等条約は、早急になんとかしなければなりません。明治初期は列強に認めてもらうために必死の時代で、極端な欧州偏向があった時期でもあります。1883年（明治16年）に「鹿鳴館《ろくめいかん》」を建て、毎日のように舞踏会を開いては西洋人のご機嫌取りをするという有様です。このころは各種改革の影響や財政問題もあり、国民生活は豊かではありません。そんな中で、毎日毎日どんちゃん騒ぎをやっているとなれば、批判が出るのも当然の話でしょう。

そんな中で不平等条約改正の交渉もされていましたが、諸外国が出した条件は厳しく、日本の独立を守れるものではありませんでした。それでも条約改正を進めようとしていた伊藤博文《いとうひろぶみ》や井上馨《いのうえかおる》でしたが、その内容が暴露されると世論が激昂《げきこう》。「条約改正交渉は〝一時断念〟」ということになります。

欧化政策の反動というべきか、日本人の民族意識が高揚していきます。「大日本帝国憲法」制定の過程も、〝日本主義への回帰〟がありました。

伊藤博文は憲法の理論を学ぶため、ドイツやオーストリアに飛びます（1882年／明治15年）。伊藤はドイツでルドルフ・フォン・グナイストやその弟子のアルバート・モッセに、オーストリアではローレンツ・シュタインに学びます。

グナイストは「憲法は法文ではない。精神であり、国家の能力である」と述べたそうです。伊藤は最初、これに戸惑います。シュタインも同様に「日本人は日本の歴史によって、日本自らの憲法をつくれ」と力説し、伊藤も「憲法はその国の歴史や伝統に根ざしたものでなければならない」と確信するのです。

翌年帰国した伊藤博文は、「内閣制度」と「憲法制定」の準備に入ります。憲法をつくる上で憲法起草に携《たずさ》わった井上毅《こわし》は、『古事記』や『日本書紀』など日本の古典を徹底的に読み、グナイストやシュタインたちが言ったように日本の歴史によって自らの憲法をつくることを実践しようとします。

つまり、国民的合意がなければ憲法は成立しないのです。条文にいくらいいことを書こうとも、それを国民が実践できないのであれば空文でしかありません。

現在も憲法改正論議がありますが、条文のみに目が行ってしまい、「日本の文化伝統に根ざしたものが憲法である」という根本の部分が抜け落ちているように思います。そもそも戦後から今まで使われている「日本国憲法」は原文が英語という有様ですし、国民の合意に基づいたものではありません。

憲法改正に向けた議論というのは日本人であれば当然行うべきなのですが、まずは「日本の文化伝統に根ざした国民的合意」というところから始めていく必要があるのではないでしょうか。

井上毅の古典研究の結果でき上がった「大日本帝国憲法」は1889年（明治22年）2月11日に公布され、1890年（明治23年）11月29日に施行されました。帝国憲法は東アジア初の〝近代成文憲法〟という記念すべきものです。

条文を見ても、井上毅が古典を徹底研究した上でつくり上げたというのが第一条からも見てとれます。

大日本帝国ハ万世一系ノ天皇之ヲ統治ス

草案の段階では「統治ス」の部分が「治ス（しらす）」との表現になっていました。伊藤博文による帝国憲法の解説書である『憲法義解《けんぽうぎげ》』によると、「統治ス」と「治ス」は同じ意味で用いられているということです。

「しらす」というのは古事記に出てくる表現で、「うしはく」とセットでよく出てくるので覚えておきましょう。

しらすというのはまさに日本の普遍的な統治形態で、天皇という権威の存在があってその下に権力を持った者が政治を行うというもの。振り返ってみると、幕府でも帝国憲法下でも日本国憲法下でも同じであることがわかると思います。

例えば江戸時代なら幕府が実務を行いますが、そこに権威を付与《ふよ》するのが天皇です。今も総理大臣に権威を与えるのが天皇です。天皇自身が実権を握って何かをするわけではないのです。天皇の権威の後ろ盾があって初めて政治が成り立っています。これが古事記の時代から見られる日本の文化伝統に根ざした統治体系なのです。

「しらす」を「権威」とするならば、「うしはく」は「権力」と言えばわかりやすいでしょう。現代でたとえるならば、天皇がしらすの存在であり、総理大臣がうしはくの存在です。

古事記の時代から、日本は権威と権力が分かれていました。そして、しらす存在である天皇はあくまで権威者であり続けたので、これだけ長い歴史を積み重ねられてきたとも言えます。

この「しらす・うしはく」については、古事記を読むといいでしょう。最近では現代語訳もいろいろ出ているので入り口としてオススメです。また内容も神話特有のぶっ飛んだものがあり、日本の文化伝統を学びながら楽しめることでしょう。

さて成立した帝国憲法ですが、国内では常にもめつつも、暴れていた自由民権派でさえ満足する内容になっていました。英訳して海外にも持って行き、評価を得ます。

こうした一連の法整備を進めつつ、日本は同時に安全保障の面で危ない橋を渡り続けます。日本は血と汗を流しながら着実に前に進んでいました。こうした歴史を見ていくと、当時のすべての日本人に尊敬の念を抱かざるを得ません。

翻《ひるがえ》って現代を考えると、ぬるま湯に浸かっているとしか思えないのです。もちろん時代が違うといえばそれまでですが、今、本気で日本のことを考えている人がどれだけいるか疑問です。私たちの住む日本という国に、国民たる日本人自身が無関心になれば、あとは衰退するしか道はありません。

第２章◆「朝鮮半島」と「日清・日露戦争」

非白人の希望だった、アジア唯一の強国・日本

戦前も戦後も、
日本の悩みの種は変わりません。
それは、隣の半島と大陸に、
〝理解不能な国〟が
存在していることです！

【不思議な、不思議な「朝鮮半島」】

「属国根性」丸出しの困ったちゃん！

「戦争」の話 其の11

朝鮮半島といえば日本のすぐ隣ですが、近くてもよくわからないことだらけです……。また、近いけれども民族性はやはり異なります。むしろ、「まったく違う！」と言っていいでしょう。

今現在も毎日のように韓国のニュースが出てくるのですが、どれもぶっ飛んだ内容が多く、日本人には理解できないようなものばかり。隣国だからといって、日本人の感覚で考えるからいけないのかもしれません。彼らには彼らの歴史があり、風土が育んだ民族性があります。それは最大限尊重しますが、それでも理解できないことが多いというのが朝鮮半島の不思議なところです。

そもそも朝鮮とはどういった歴史を持つかといえば……、ずっーと〝支那《しな》の属国〟だったのです。

ここで、今後も出てくる用語の話をしておきましょう。「支那」という呼び方についてです。何やら支那という単語を差別用語だと勘違いされている方がいるようですが、そんなことはありません。

支那というのは「CHINA《チャイナ》」と同じであり、特に歴史上の事柄について述べるときには支那といったほうがいいのです。今私たちが「中国」と呼んでいるのは「中華人民共和国」のことであり、この国は１９４９年（昭和24年）にできた新しい国です。

それ以前はこれからあとで説明していきますが、どこが中央政府なのか？　誰と交渉したらいいのか？　がよくわからない〝群雄割拠《ぐんゆうかっきょ》の時代〟だったのです。

「支那」で怒り出す人は、「東シナ海」についてはどうお考えでしょうか？　まさか、差別用語だとは言わないでしょう。

さて、長い間支那王朝の属国だった朝鮮なのですが、日本との関係はどうだったのでしょうか。

豊臣秀吉の「朝鮮出兵」によって一時国交を断絶していましたが、徳川家康が朝鮮との関係改善を図り、１６０７年（慶長12年）には国交を回復しています。今の長崎県対《つ》馬《しま》、当時の対馬藩を通じてやりとりがあったのです。

江戸時代が終焉《しゅうえん》し、開国。明治時代に入ると、日本は大陸とのかかわりを求めることになります。その窓口として、朝鮮半島が重要になってくるわけです。明治政府は1868年（明治元年）に、「王政復古」の事情を各国に通達します。

朝鮮にはそれまでも接触があり、慣例通り対馬藩主宗義達《そうよしあきら》を介して、王政復古の旨《むね》の通告と修交回復を希望する国書を持参しました。しかし、朝鮮はこの国書の受け取りを拒否したのです。なぜでしょうか。次のような感じです。

日本「開国して、わが国の政治体系も変わりました。貴国とも国交を結びたいのですがどうでしょう？　これが国書です」
朝鮮「あっ、そう……。ん？　ちょっと待って、何この文字？」
日本「え？」
朝鮮「〝皇〟とか〝勅〟とかって書いてあるじゃん！　これを使っていいのは、清の皇帝様だけだぞ！　こんなものは受け取れんわ!!」

このように、属国根性丸出しで拒否してきたのです。「皇」や「勅」などの文字は支那王朝のみが使うもので、これを使って手紙を寄こした日本が不届《ふとど》き者に映ったのでしょう。

こうした朝鮮の頑《かたく》なな現状維持勢力は、その後も日本を悩ませることになります。さらに、その頑なさは朝鮮人にとっても不幸を招くことに……。

ただこれは非難されるべき事柄というよりは、朝鮮にとっては当たり前のことだったのかもしれません。

ちなみに、「朝鮮」という名称自体、支那王朝に決めてもらったものだと言われています。

「戦争」の話 其の12

【驚くべき排外主義】

日本に対して、謎の〝上から目線〟だった朝鮮

日本はそれ以降も何度も使者を送り、朝鮮に修交を求めていきます。しかし、ことごとく拒否されるのです。朝鮮との交渉の管轄《かんかつ》は対馬藩から外務省に移り、さらに交渉を継続するのですが、「拒否！　拒否！　拒否！」。朝鮮に行くと、みな呆《あき》れ果てて「征韓論者」になるという有様でした。

それでも日本は、武力によって朝鮮を恫喝《どうかつ》するという手法はとらず、あくまで平和裡《へいわり》にことを進めていきます。

1870年（明治3年）にも使節を送り、朝鮮と国交を結ぼうとします。書簡には問題になっていた「皇」や「勅」、「朝廷」などの文言を入れず、融和を図りましたが、朝鮮はこれすら拒否します。旧来の慣例を片意地はって守り、「交渉したければ、対馬藩の宗氏を介して行え」というのです。

中央政権化を進め、外交交渉は政府に切り替わっていく過程で、政府は1872年（明治5年）に対馬藩の宗氏と朝鮮の関係を断ち切ります。

これに対して、朝鮮は驚くべき仕打ちに出ます。当時、釜山《プサン》には「草梁倭館《そうりょうわかん》」という日本人居留地がありました。これは、対馬藩が朝鮮との通商や外交を行うために使っていたものです。この草梁倭館への薪や食料の供給をストップしてしまうのです。

この当時の朝鮮は「排外主義」が著《いちじる》しく（今もか？）、草梁倭館の前に日本を侮辱《ぶじょく》する掲示板を掲げる始末でした。現在も日本大使館前で日本を侮辱していますし、昔も今も変わらないという印象です。

はっきり言って、当時の清にしても朝鮮にしても、日本をなめきっていたのです。

いわゆる「中華思想」の概念もあるでしょう。支那が世界の中心であり、支那に近ければ近いほどいいのです。だからこそ、支那にどっぷりだった朝鮮は、支那と一緒になって日本をなめていました。日本の近代化についても「何やらおかしなことやっているな」くらいの認識で、危機感がまるでありません。

「朝鮮の排外主義がヤバイ！」という情報が日本国内に伝わると、一気に征韓論争が盛んになります。西郷隆盛らは朝鮮の数々の無礼に対して、朝鮮国王と談判すると主張します。談判の結果によっては、戦争も辞さないというものでした。当時は、ロシアと樺太でもめて、内政充実を図ることも必要とされていました。結局、この征韓論は認められず、西郷らは下野《げや》することになります。いわゆる「明治六年の政変」です。

明治六年の政変から2年後、「江華島《こうかとう》事件」が発生し、朝鮮問題は転換期を迎えます。朝鮮西岸の航路を研究していた日本の軍艦雲揚号《うんようごう》が、飲料水を求めて江華島に近づくと、突然江華島の砲台から発砲があったのです。

以前から「これが日本の国旗です」と朝鮮側にも日本の国旗を渡していましたから、日本の正規の軍艦だとわかっていたはずです。それでも発砲をやめないため、雲揚号はやむなく反撃を加えて砲台を占拠し、武器を接収しました。

朝鮮問題は、この江華島事件で進展することになりました。事件の後、「どういうことだ」ということで日本政府は朝鮮に使者を送り、これまで朝鮮が国書を拒絶し続けてきたことや、今回の江華島事件で砲撃した件について談判しました。

朝鮮としては様々な言い訳をするわけですが、ここに至ってようやく修好を結ぶことを承認し、1876年（明治9年）に、「日朝修好条規」が調印されます。これは朝鮮が外国と初めて結んだ条約です。

内容を見ると、第一条に「朝鮮国は自主の邦にして日本国と平等の権を有せり」とあり、朝鮮の自主独立を謳《うた》っています。日本の安全保障を考えたときに、朝鮮の自立というのは急務でした。ロシアは「不凍港《ふとうこう》」を求めて南下してくる恐ろしい国ですし、清もまだまだ強い。となると、緩衝《かんしょう》地帯としての朝鮮の役割は特に重要だったのです。

ちなみに、ロシアの脅威は深刻で、1861年（文久元年）にはロシア軍艦ポサドニック号が対馬を占領し、租借地を求めてくるという事件（「ロシア軍艦対馬占領事件」）が起きています。このときは、島民の抵抗とイギリスの抗議もあったためロシアは帰りましたが、いつまた同じようなことが起こるかわかりません。

当時の日本政府首脳が、過剰なまでに防衛に敏感になるのは当然のことでしょう。

話は戻って、日朝修好条規では他に「貿易港の開港」や「領事裁判権」なども定めています。一見すると不平等条約なのですが、実は江戸時代には朝鮮で日本人が罪を犯した場合、倭館館守に引き渡されて裁くか、対馬に連れて行って裁くかという決まりになっていました。この流れを汲んだもので、新たに出てきたというものではなかったのです。

【改革できぬ朝鮮】

悲報!! 福沢諭吉、ブチ切れる!

「戦争」の話 其の13

その頃の朝鮮では(というよりずっとなのですが)、「権力闘争」ばかり行われていました。朝鮮との修交以来、興宣大院君《こうせんだいいんくん》の守旧派と閔妃《みんぴ》の開化派がしのぎを削っていました。この時点では閔妃も開化派であり、どこまで本気かは知りませんが、「日本に倣《なら》って近代化をやろう!」という至極《しごく》まっとうなものでした。日本に視察団を派遣し、「軍制改革」などを進めていきます。

しかし、軍制改革によって怒り出す勢力がありました。守旧派で軍制改革によって罷《ひ》免《めん》された人たちです。彼らは暴動を起こします。「閔妃勢力駆逐のチャンス」とばかりに大院君も暴動を煽《あお》り、めちゃくちゃになります。混乱の中で多数の日本人が虐殺され、日本公使館も襲撃されるのです。王宮にも暴徒が押し寄せ、閔妃派の重臣たちを殺害します。閔妃はなんとか逃れて、死ぬことだけは免《まぬが》れました。

清はこうした暴動が発生するや、約5000の兵を朝鮮に送って鎮圧《ちんあつ》にあたり、この事件を扇動した大院君を清国へと拉致抑留《よくりゅう》します。「壬午《じんご》の変」（1882年／明治15年）と呼ばれる乱はこうして収束されていきます。

日本としては公使館が襲撃され、日本人を殺害されたりと踏んだりけったりです。そこで朝鮮と条約を結び、犯人の厳罰や賠償金の支払い、さらに公使館がまた危険にさらされてはいけないので、京城《けいじょう》に日本軍を若干名置くことなども定めました。

清はその後も、朝鮮に居座ることになります。清は閔妃を立てた政府を再建するのですが、壬午の変で九死に一生を得た閔妃には、もはや改革をしようという気力はありませんでした。

そこで朝鮮の基本的姿勢である「事大主義《じだいしゅぎ》」に流れていきます。つまり「自力での改革を行い、独立を保とう！」ではなく、「強い奴にくっついていこう！」です。

たられればは厳禁ですが、この段階で朝鮮が独立を志して行動を起こしたのなら、おそらく歴史は大きく変わっていたことでしょう。こうした朝鮮の事大主義は近代化を著しく遅らせ、日清・日露戦争を誘発していくのです。

「独立の気概《きがい》がない」といっても、朝鮮人の中には熱い真人間《ま》もいました。日本の教科書にも登場する金玉均《きんぎょくきん》や朴泳孝《ぼくえいこう》などがそうです。彼らは日本に倣って朝鮮を近代化させることを考える「独立党」に所属していました。福沢諭吉に教えを乞い、福沢も彼らを熱心に支援します。

しかし、金玉均や朴泳孝は、真人間すぎて朝鮮では要職に就くことができません。

「これではいけない……」。転機は1884年（明治17年）12月でした。「清仏戦争」が起こり、清の劣勢が伝えられると、「これはチャンス！」とばかりに金や朴たちは日本の支持を取り付け、事大主義を一掃しようとクーデターを起こすのです（「甲申《こうしん》政変」）。

「事大党」（旧守派）の主要人物を倒し、新政権を樹立したまではよかったのですが、この後、清が兵を率いて王宮に侵入してきたためクーデターは失敗に終わります。この混乱のさなか、また日本にまで被害が及ぶのです。

日本公使館を焼かれ、居留民は惨殺されます。「またかよ……」と思われた読者の方も多いかもしれません。しかし、朝鮮ではよくあることです。

クーデターに失敗した金玉均と朴泳孝は、やむなく日本に亡命することになります。ちなみに、金玉均は非業《ひごう》の死を遂げました。日本亡命後には日本政府から手当てまでもらい、日本で生活していましたが、甘言《かんげん》に誘われ、散々《さんざん》「やめとけ」と言われたにもかかわらず上海に向かい、朝鮮政府の刺客によって殺されてしまいます。さらに、首と両手足を切断され、辱《はずかし》められたのです。

朝鮮を支援していた福沢諭吉もこれにはブチ切れます。そして、「脱亜論《だつあろん》」として有名な文章が発表されるのです。

「悪友を親しむ者は共に悪友を免《まぬ》かる可《べか》らず。我は心に於て亜細亜東方の悪友を謝絶するものなり」

悪友とはつまり支那、朝鮮のことです。朝鮮を支援していた福沢諭吉をここまでキレさせるとは……。

これまでもこの後の出来事もそうなのですが、朝鮮半島における問題の主体は日本と清、その後はロシアであって、朝鮮は主体ではないのです。朝鮮半島を日本の主導で独立させ、列強に対抗していこうと考えていた日本と、朝鮮を属国のままにして宗主権を主張する清との争いが、のちの「日清戦争」に繋がっていきます。

甲申政変の後には、日本と清の間に「天津条約」が結ばれます。「4ヶ月以内に両軍撤兵、朝鮮で事変が起こった場合は事前通告してから出兵しましょう」ということなどが定められました。

そうして両軍撤兵はしたものの、清は袁世凱《えんせいがい》が京城に残り干渉を深めていきました。さらにロシアまで朝鮮に干渉するようになり、東アジア情勢は混沌《こんとん》としていきます。

日本の政局を見ると、「自由民権派」があまりの強硬路線を言うので、政府は抑えるのに必死です。自由民権派というとなんとなくいいように聞こえますが、むちゃくちゃな急進的政治改革や常軌を逸した対外強硬路線など（確かに正論なのかもしれないけれど）、あまりに性急すぎるというものでした。

天津条約に関連する政府の態度は弱腰だとして、「朝鮮に武器を持って乗り込んでやろうか」と危ない行動をとりかけますが、なんとか検挙して事なきを得ています。いや、致命傷で済んだ（変な日本語）というものです。こんなのとかかわっていたら、胃袋にいくつ穴があくことか……。当時の政治家は凄いとしか言いようがありません。

日清の緊張が高まるにつれ、衝突に備えるため軍備の充実が求められていました。日清戦争前の１８９２年（明治25年）には、軍事費が支出の31％になります。なんだかんだ言ってまだ大国の清と事を構える可能性がある以上、当然の増強でしょう。むしろ足りないくらいのものです。

「戦争」の話 其の14

【「日清戦争」とは何だったのか】

朝鮮を独立させるために、日本は清と戦った

朝鮮半島の動乱はまだまだ続きます。ついに「日清戦争」へ繋がっていくのですが、1894年(明治27年)には「東学党の乱《とうがくとう》」が発生します(「甲午《こうご》農民戦争」とも言います)。当時の朝鮮は重税や両班《ヤンバン》(支配階級)による不正もはびこり、さらに外国勢力の進出などで民衆に不満がたまっていました。そんな中、「東学党」と呼ばれる今で言う宗教団体のようなものが蜂起《ほうき》します。これは農民反乱なのですが、事態は拡大していきます。

朝鮮は自分で鎮圧できないので清に泣きつきます。清はこの要請を受けて出兵を行います。日本にも「属邦保護《ぞくほうほご》」として出兵の旨を天津条約に基づいて通告してきます。

日本としては「ちょっと待て、属邦とはどういうことだ。朝鮮は独立国だろう」という立場でもって、こちらも天津条約に基づいて出兵を行います。両国が出兵し、睨《にら》み合いながら農民反乱は鎮圧されます。

日本はこの後、清に対して「朝鮮の改革を一緒にやらないか」と持ちかけますが、清は「いや、朝鮮は属国だし……」ということで交渉は決裂してしまいます。もはや日・清両国での戦争は待ったなしとなります。

この時期に不平等条約に進展があります。イギリスとの交渉で領事裁判権が撤廃され、好意的な態度が見られたため、日本政府も開戦を決意します。

ちなみにこのとき、日本の国内政治は混乱しています。日清戦争開戦直前の1894年（明治27年）6月に、第二次伊藤内閣は不信任案により解散するという事態になっていました。ここにはまた自由民権派の存在があります。

しかし、散々対立していた政府と自由民権派も、開戦が決まると「挙国一致体制」で団結します。「散々対立してたのになんなんだ?」と少し笑ってしまうのですが、歴史の事実です。

ついに、日清戦争です。

戦闘自体は、日本が連戦連勝でした。開国以来近代化に努め、よく訓練された日本に対し、清の寄せ集めの軍では歯が立ちません。海軍は黄海《こうかい》で清国の北洋艦隊を撃破し、陸軍も朝鮮から清国勢力を追い返します。

国家の命運をかけた日清戦争は、8ヶ月あまりで日本の勝利となります。日本は戦意も高く、全国から義勇兵に志願するものが多くて、逆に天皇が抑えるように勅諭《ちょくゆ》を出すほどでした。

日清戦争は、国際社会に出て不平等条約改正に向けて邁進《まいしん》する日本にとって、戦い方も重要でした。「国際法順守」の姿勢を示す必要があったからです。そして、日本兵は軍紀正しく行動しました。

一方、清兵は乱暴狼藉《ろうぜき》の限りを尽くします。日本の将校の首に賞金をかけたり、一般邦人を殺害したりとめちゃくちゃです。平壌《へいじょう》に軍を引いたときには、清兵が朝鮮人に対して「略奪」「強姦《ごうかん》」「虐殺」などで阿鼻叫喚《あびきょうかん》。恐ろしい限りです。

【臥薪嘗胆】

「平和主義者」のフリをしたハイエナたち

「戦争」の話 其の15

日清戦争に勝利した日本は伊藤博文、陸奥宗光《むつむねみつ》が全権となり、清は李鴻章《りこうしょう》が全権となって下関で交渉を行います。そこで結ばれたのが、「下関条約」（1895年／明治28年）です。

歴史の授業では賠償金を2億両《テール》得たというのと、遼東《りょうとう》半島、台湾《たいわん》を得たという部分をよく覚えさせられますが、まず第一条で「清は朝鮮を完全無欠の独立国として認める」と定めていたことがとても重要です。日本としては朝鮮から清の勢力を駆逐《くちく》し、戦争目的を十二分に達成したのです。

清としてはこの交渉で列強、特にロシアの介入を期待していました。「他国（敵）同士を潰し合わせる」という支那の伝統的策略です。

ロシアとしては最初、日本が清に勝つとは思っていなかったようです。しかし、戦況が日本に有利となると焦り出します。不凍港獲得の念願を叶えるため、遼東半島への野望は捨てきれません。交渉に当たった陸奥宗光は、ロシアが干渉してくることまで読んで遼東半島まで求めたと言います。

実際、その通り下関条約が結ばれてすぐにロシアは、ドイツ、フランスとともに干渉してくるのです。これは有名な「三国干渉」というもので、干渉の理由というのは「平和のために遼東半島を清にかえしなさ〜い！」というものです。正直、何言ってんだという感じなのですが、彼らは平和主義者のフリをして干渉してきます。

日本としてはロシア、ドイツ、フランスを相手に戦うことはできません。ましてや、日清戦争が終わったばかりです。日本は清国からの賠償金を追加し、遼東半島を返還して事なきを得ます。

国民世論は激昂しますが、「臥薪嘗胆《がしんしょうたん》」という言葉が叫ばれるようになります。つまり、「来《きた》るべきときのために耐え忍ぶ」ということです。

政府もそうした世論の後押しもあり、さらなる国力の増強に努めます。

「戦争」の話
其の16

【朝鮮の伝統芸＝「事大主義」】

独立国としてスタートするはずの朝鮮だったが……

日清戦争の勝利によって、ついに朝鮮から清の勢力を追い返すことに成功しました。「これで朝鮮も心置きなく近代化の道を―」と、思ってはいけません。

日清戦争中に、朝鮮では興宣大院君を擁《よう》した親日政権ができます。これによって改革を実施しようとするのですが、なかなか進みません。

その改革というのは、例えば「人身売買しちゃだめ」とか、「優秀な人材なら出自《しゅつじ》にかかわらず登用していこう」とか、「司法によらない刑罰はやめよう」とか、他にもたくさんあるのですがそうしたものです。

もうこの時点で「あっ！」と察してしまいます。朝鮮の前近代的思想と改革の進まない状況は異常でした。朝鮮の上層部は権力闘争ばかりやっています。朝鮮民族の悲劇としか言いようがありません。

日清戦争が終わり、下関条約でようやく朝鮮は独立国家として歩むはずが、逆に独立させた日本をまた蔑《さげす》むようになります。というのも三国干渉が起きた結果、「あれ？　干渉されて譲歩しちゃうの？　やっぱり日本は大したことないんじゃね？」との認識が広がっていったからです。朝鮮には何の力もないのですが、この根拠のない自信は見習いたいものです。

日本としては正直朝鮮には構いたくありません。内政にしろ何にしろ、やることが他にも多すぎるからです。将来的には干渉をやめて自主独立の道を歩んでほしいというのが、日本の願いでした。実際そうした閣議決定もされています。

こうした動きを見て、朝鮮では「やっぱりロシアにびびってんじゃん！」とますます侮日《ぶにち》の傾向が高まりました。

朝鮮半島から清の勢力がいなくなると、今度はロシア派が強くなっていきます。日本としては日清戦争を戦ったばかりですし、「勘弁してくれよ……」という感覚です。そんな中で、「親露派政権」が樹立されます。

朝鮮は日本にとって重要な位置にあります。朝鮮をロシアに取られれば、次は日本です。ましてロシアは当時の大国ですから、日本人の危機感は相当高かったのです。

改革しようとすると、守旧派が出てきて潰す。こうしたことを繰り返す朝鮮に、朝鮮で勢力を拡大していくロシア。ようやく開けた朝鮮独立の道でしたが、朝鮮人は権力闘争で貴重な時間を使ってしまいました。

親露派に転向していた（事大主義なので強そうなやつなら見境《みさかい》がない）閔妃は、「乙未《いつび》事変」（1895年／明治28年）によって暗殺されます。国を売るような行為や民衆への弾圧で、日本人はもとより朝鮮人からも嫌われていたのです。在韓の日本人と朝鮮人が通じて、共通の敵であった閔妃を狙い、事を成し遂げます。

実に荒っぽいのですが、当時はそういう時代でした。閔妃殺害の実行犯は日本人だったので、日本政府は「これは……」と考え、調査の結果、関係した日本人を処罰します。

この事変のあと、金弘集《きんこうしゅう》を擁して親日政権ができることになります。ようやくまた、朝鮮は改革を始めることになります。例えば、それまで朝鮮で使っていた清の年号を使うのをやめたり、「小学校令」によって初めて朝鮮に4つの小学校ができたりします。

「改革をどんどん進めていこう」というときだったのですが、朝鮮に平穏は訪れません。1896年（明治29年）に、また政変が起きるのです。読者の皆さんも「朝鮮っていっつも政変だな〜」と思われるかもしれませんが、だんだんと慣れてきます。

せっかくできた改革路線の親日派政権に、驚くべき転機が訪れます。その頃朝鮮では、改革に対する騒動が各地で起きていました。警備をそちらにまわすと首都の警備が手薄になります。ロシアはこの隙に兵隊を連れて、なんと国王高宗を拉致してロシア公使館に移します。これを「露館播遷《ろかんはせん》」と言います。

これによってまた親露派政権が誕生し、改革を目指した親日派は追われることになります。追われるだけならまだいいのですが、追われて殺されてしまうというのが恐ろしいところです。金弘集は惨殺されてしまいました。混乱の連続で、どさくさに紛れてまた日本人も殺されてしまいます（またかよ……）。

露館播遷の後は政府自体がロシア公使館に移り、「朝鮮の政治をロシア公使館から動かす」という意味不明な状況になります。

日本側からすると、「勘弁してくれ」という感じです。改革も進まず、騒動のたびに公使館を焼かれたり、同胞《どうほう》を殺されたりと踏んだりけったりです。さらに、今度はロシアが勢力を拡大しているという状況です。

強国ロシアとは、なかなか事を構えることができません。そこで「山縣・ロバノフ協定」などを結んで、なんとか交渉によるロシアとの勢力均衡を図るしか方法はありませんでした。

常に綱渡りの外交です。こうした日露の交渉の結果、ようやく朝鮮の政局は少しだけ安定しました。安定の結果、ロシア公使館にいた国王高宗は１８９７年（明治30年）、１年ぶりに王宮に帰ってきます。

「さぁ、これで一安心」、とはなりません……。

【領土分割される清】

あれ？「平和のため」じゃなかったの？二枚舌の欧米列強

「戦争」の話 其の17

朝鮮のかつての宗主国清は、日清戦争で日本に敗れて正体が完全にバレてしまいました。というのも、それまでは「眠れる獅子《しし》」と言われていた大国清でしたが、敗れたことによって「なんだ、永眠した獅子だったのか」と列強に認識されてしまったのです。

列強は清に領土割譲《かつじょう》を求めて強い要求をしていきます。ドイツが膠州湾《こうしゅうわん》、イギリスが威海衛《いかいえい》・九竜《きゅうりゅう》、フランスは広州湾など、次々に租借《そしゃく》が決まり、清は分割されていきます。

これに対し、アメリカはきれいごとを言いはじめます。「門戸開放」「機会平等」などを宣言したのです。しかし、これは、単純に他の列強に出遅れたからきれいごとを言ったにすぎません。アメリカ自身も清に参入しようとしただけです。

一番ふざけているのはロシアです。「平和のために、遼東半島を返しなさい」と言っていたにもかかわらず、清の分割に当たって遼東半島の旅順《りょじゅん》・大連《だいれん》を租借しているのです。うーん、この……。

遼東半島は軍事上、通商上ともに、とても重要な場所でした。のちに起こる「日露戦争」でも、激戦地となります。

さらにロシアは、満州での利権を強めていったため、日本としてはさらなるピンチとなります。

「戦争」の話
其の 18

【義和団の乱】
カルト宗教が末期の清王朝を動かした

緊張が高まる日露関係ですが、思わぬところからさらに険悪になっていきます。その裏にはあるカルト宗教がありました。「義和団」です。この名前は教科書で見たことがあるでしょう。

義和団では「義和拳」という謎の拳法を習います。義和拳で熟練していくと、「弾丸や剣の刃などをも防ぐことができる」と信じていたのです。現代から考えると理解に苦しむものです。ゲームならまだしも、リアル世界でこれは……。

列強に分割されていく清にあって、「扶清滅洋《ふしんめつよう》」を掲げて義和団が暴れ回るのです。扶清滅洋とはそのままの意味で、「清を助けろ〜!! 西洋をぶっとばせ〜!!」です。

1899年（明治32年）頃から始まり、キリスト教会が襲撃されたり、宣教師が殺されたり、鉄道や電線などを破壊したり、いわゆる「洋物」を排除する暴動を起こしていきます。

当時、清で権力を握っていたのは西太后《せいたいごう》でした。義和団の暴徒たちが北京に入ってくると、これを取り締まるどころか、「この機に乗じて列強を排除しよう」と義和団に乗っかってしまうのです。

ときは世紀末（北京に入ったときは1900年になってますが便宜上《べんぎじょう》）、暴れ回る義和団の姿が、漫画『北斗の拳』の世界とかぶります。「ヒャッハ～!! 洋物は消毒だ～!!」という具合です。

勢いづいて、ドイツ公使や日本の公使館書記生の杉山彬《すぎやまあきら》も殺害されます。杉山は支那特有の残虐な殺し方をされているのです。遺体を切り裂いて、心臓をえぐり出すというものでした。

列国の公使館区域は包囲され、調子に乗っていたのか、なんと清は列国に向かって宣戦を布告します。命知らずというか、アホというか、常軌を逸しています。

支那の有名な書物に『孫子』がありますが、その中に有名な一節があります。

「彼を知り己を知れば百戦して殆《あや》うからず」

このときの清は、敵のことも、そして自分の置かれた状況も、よくわかっていなかったようです。

清は宣戦布告したままでは良かったのですが、当然列国は自国の居留民を守るために兵を出します。

最初、日本は疑惑を招かないように慎重な態度を示していました。しかし、イギリスから「兵を出してほしい」と何度も要請を受け、４度目の要請にして初めて出兵を決意するのです。支那に近い日本が主力となり、８カ国連合軍が義和団の暴徒たちの鎮圧に当たり、ほどなく平定されます。

今見てきたのが「北清事変」（「義和団の乱」）です。

北清事変の後処理として、１９０１年（明治34年）「北京議定書」に調印します。内容は、清国から各国への賠償金の支払い。さらに、今回の騒乱を踏まえて各地に各国の守備兵を置くことになりました。

実は守備兵を置くというのはとても重要なところで、この条約に基づいて駐屯していた日本の守備部隊が、のちに支那事変の発端となる「盧溝橋《ろこうきょう》事件」で謎の発砲を受けることになるのです。

ロシアはしたたかです。北清事変に乗じて満州を占領し、住民を虐殺したりしていま
す。北京議定書のあともドンと腰を据えて満州に居座り、さらに南下の気配を見せま
す。すると、朝鮮が危なくなるわけです。朝鮮が取られれば、次は日本。こうして、日
本とロシアは朝鮮問題で対立を深めていくことになりました。

ロシアと向き合うにあたって、いくつか方策が出てきます。ひとつは「満州はロシア
の影響下でいいから朝鮮は日本の影響下に置かせてくれ」という、いわゆる「満韓交換
論」です。もうひとつは「ロシアと対立しているイギリスと組んで、ロシアの脅威に備
えよう」というものです。

北清事変での日本軍の軍紀の正しさは評判になっており、近代化を成し遂げた日本を
イギリスも一目置くようになっていました。ロシアの脅威に対抗するという共通の目的
もあり、1902年（明治35年）に「日英同盟」が成立します。ようやく日本は、欧米
列強と対等の条約を結ぶことができました。

迫り来るロシアに対抗する準備が、着々とでき上がっていきます。

「戦争」の話
其の19

【日露戦争へ】

「日本が勝つ」とは誰も思っていなかった⁉

「万が一の戦争に備えて準備はしている」といえば聞こえはいいのですが、戦力差で見ると圧倒的にロシアが優位です。はっきり言って、外交交渉でなんとかなるなら穏便《おんびん》に済ませたいところでした。

戦いたくないという事情から、1903年（明治36年）の日露交渉ではギリギリのところまで譲歩を続け、「39度線でなんとか折り合いをつけましょう」という日本の最終譲歩案まで出します。

しかし、ロシアは聞き入れません。当然といえば当然の話で、まだまだロシアは（他の列国もですが……）日本のことを小国と思っていたので、聞く必要がなかったのです。「なんとか戦争は避けたい」。明治天皇のご苦悩もひとしおでした。しかし情勢は逼迫《ひっぱく》し、日露開戦が決まるのです。

日本としてはあまり時間がありませんでした。悠長《ゆうちょう》に交渉を長引かせると、シベリア鉄道の完成によって戦力差はさらに広がってしまいます。

どれくらい絶望的な戦力差だったかといえば、全体でざっくり見ると、日本陸軍の兵力が109万人に対して、ロシアは208万人。圧倒的です。海軍を総トン数で見ると、日本は26万トン、ロシアはなんと80万トンでこちらも日本を凌駕《りょうが》しています。

ただ開戦前の段階では、まだ極東勢力だけであればいい勝負というわけです。万が一交渉が長引いて極東に戦力を集中させてくると、日本としてはひとたまりもありません。その前に、極東ロシア軍を粉砕する必要があります。だからこそ、開戦を急ぐ必要がありました。

1904年（明治37年）、日本の国家存亡をかけて、ついに「日露戦争」が勃発《ぼっぱつ》します。

ここで何を思ったか韓国（1897年から「大韓帝国」との名称になっている）は、日露の争いに対して「中立宣言」をします。中立というのはどちらにも肩入れしないことでこそ成り立つのですが、朝鮮にはロシア軍が駐屯しているので、そもそも無効なのです。

戦費の問題も深刻でした。不況乗り切りの達人として知られる高橋是清《たかはしこれきよ》をアメリカやイギリスに派遣して外債を募集し、これを成功させます。戦争の終わらせ方も考え、アメリカのセオドア・ルーズベルト大統領と面識のあった金子堅太郎を派遣し、和平交渉の仲介を打診していくことになりました。

日露戦争は激戦を極め、陸上戦では旅順に築かれたロシアの堅牢な要塞《ようさい》に日本軍は苦労することになります。映画にもなった「二〇三高地の戦い」は激戦で、多大な犠牲を出しながらもなんとか陥落させます。明治天皇からの信頼が厚かった乃木希典《のぎまれすけ》大将は、戦いで二人の息子を亡くすという悲劇に見舞われます。

旅順陥落後の1905年（明治38年）1月5日には、乃木大将とロシアのアナトーリイ・ステッセリが水師営《すいしえい》で会見します。乃木はステッセリに帯刀を許します。こうした武士道的精神は賞賛を浴びます。のちに敗北の責任で死刑になりかけたステッセリでしたが、乃木大将の尽力によって死刑を免れることができたため、ステッセリは乃木を生涯尊敬していたと言います。

その後も日本は進撃を続け、3月には奉天《ほうてん》を占領します。これを記念して、3月10日は「陸軍記念日」と定められることになりました。

一方、海では伝説の「日本海海戦」が起こります。ロシアのバルチック艦隊はその名の通りバルト海（ロシア語で「バルチーイスカイェ・モーリエ」）から極東までやってきます。ほぼ地球一周ですから、どれほど遠いかがおわかりでしょう。さらに日英同盟に基づいてイギリスがさりげない妨害行為を行い、バルチック艦隊の将兵たちは疲弊《ひへい》していきます。

日本としては、「どこでバルチック艦隊を迎え撃つか」が問題になります。ウラジオストクまでの道のりをロシア軍は日本海から来るのか、それとも太平洋を回って来るのか。東郷平八郎は「きっと疲れているから回り道している余裕はないだろう」ということで、対馬海峡での決戦を決意します。

この読みは見事に的中し、バルチック艦隊を迎え撃ちます。結果としては、ぐうの音も出ないほどの日本圧勝です。本当にびっくりするくらいの圧勝で、海戦史上最大級の大大勝利です。帝国海軍の日頃の熱烈な訓練の成果が発揮されました。バルチック艦隊は、一回の海戦でほぼ消滅します。

ちなみに被害を見ると、ロシア軍は16隻撃沈《せき》、自沈5隻、拿捕《だほ》6隻、6隻が中立国に逃げ込みました。ウラジオストクに到達したのは、3隻という有様です。一方、我らが連合艦隊の損害は水雷艇3隻のみです。

ロシアは戦死者4830名、捕虜6106名。日本は戦死者117名、戦傷者583名。「桁《けた》を間違えているのでは？」と思われるかもしれませんが、間違っていません。不謹慎ですが、笑ってしまうほどの戦果でした。

先ほど3月10日は「陸軍記念日」と書きましたが、海のほうでは日本海海戦にちなんで5月27日が「海軍記念日」になっています。

陸上で負けても交戦を続けていたロシアでしたが、旅順陥落直後に起きた「血の日曜日事件」と言われている革命騒動が起きます。それでもバルチック艦隊があるからと戦闘を継続していましたが、前述の日本海海戦における圧倒的惨敗と壊滅によって、もはや講和は不可避の情勢となります。

日本はアメリカのセオドア・ルーズベルトに和平の仲介を要請し、アメリカのポーツマスで講和会議が開かれるのです。

実際、日本ももうギリギリのところまで追い詰められていました。というのも、戦闘では勝っても、もはや武器弾薬が尽きていたのです。これを隠し通して、講和を行います。こうしたしたたかさが講和を成立させます。

賠償金でもめますが、日本は戦争目的を大いに達成した形で、1905年（明治38年）

9月5日に「ポーツマス条約」を結ぶことができました。

ポーツマス条約で韓国からロシア勢力を追放し、南樺太の譲渡、さらに満州から鉄道警備以外の軍の撤退と満州での利権を獲得します。

しかし、賠償金を得られなかったことなどから国民の怒りを招き、交渉全権だった小村寿太郎の私邸が焼き討ちにあうという「日比谷焼き討ち事件」も発生します。

講和の内容を見ると、朝鮮からロシア勢力を追放するという目的は達成しており、さらにおまけまでついているので大勝利なのは間違いありません。

賠償金云々《うんぬん》で交渉を長引かせると、弾切れということがバレる可能性もあります。バレるとロシアが一転攻勢を仕掛けてくるのは明白です。こうした事情から最良の選択だったのではないでしょうか。挙国一致体制で増税にも耐え、多くの戦死者が出たことから、「講和がぬるい」という国民の気持ちも理解できます。とても難しいところです。

ちなみに今もマスコミの偏向報道がピックアップされますが、当時も同じでした。朝日新聞などは、講和条約の内容が明らかになると「講和反対！」「戦争継続！」を訴えるなど、良からぬ方向に煽っていきます。今も昔も変わりませんね（呆れ）。

「戦争」の話
其の20

【凄すぎる日本】

アジアの独立運動に繋がった、「日露戦争」の大勝利!!

ただの暗記科目になっている歴史の授業では、日露戦争の意義は感じられないかもしれません。何しろ教科書をさらっと追うだけです。何年から戦争が始まったとか、○○条約が結ばれたなどということを暗記するばかりが強調され、日露戦争の歴史的意義がわからなくなっていることは問題でしょう。

四方八方から列強に囲まれ、さらにロシアが満州に居座り、朝鮮にまで手を伸ばしている状況では、自衛のために戦うしかなかったのです。何度も言っているように、朝鮮半島は日本にとっての生命線で、「朝鮮を取られると、次は日本だ」という危機感が常にありました。実は今もそうなのです。

そうした中で起こった日露戦争の意義として、最大のポイントはやはり「有色人種が白人に勝った」ということです。当時、列強に虐《しいた》げられていたアジア・アフリカをはじめとする有色人種の国々は、日露戦争における日本の勝利に歓喜したと言います。

つまり、「有色人種でも勝てるんだ」という希望です。有色人種でも勝てるという希望を与えたことで、のちにアジアの独立運動に繋がっていくことになります。

日本は開国してから、まだ50年ほどしか経っていません。その間に驚異の改革を成し遂げ独立を保ち、大国清とロシアに勝つ。驚くほどのサクセスストーリーです。

教科書を見ているだけだとわかりにくいのですが、よくよく考えると「日本って凄い国だなぁ～」と小学生並みの感想が出てきます。戦後教育は徹底的に日本の誇りや自信を失わせるようになっていますが、しっかりと見ると「日本の歴史は凄い」というほかありません。


このころは、明治天皇の御心労もとても大きいものでした。開戦前には食事も喉《のど》を通らず、自分の身も常に兵とともにということで、2月の日露戦争開戦とともにストーブを使うこともやめていました。

明治天皇の思いは、御製《ぎょせい》（天皇陛下のつくる和歌のこと）にも現れています。

散華《さんげ》した（戦死した）兵に対しての御製です。

「世とともに　語りつたへよ　國のため　命をすてし　人のいさをを」

「國のため　たふれし人を　惜むにも　思ふはおやの　こころなりけり」

特に国家存亡をかけ、多大な犠牲を払いながら進撃していった日露戦争時の1904年（明治37年）、1905年（明治38年）にこうした御製を多く詠《よ》まれています。

また、次のような御製もあります。

「国のため　あだなす仇は　くだくとも　いつくしむべき　事なわすれそ」

常に仁を忘れるなというものです。

歪《ゆが》められた歴史観では、天皇はとんでもない独裁者のように描かれることがありますが、そんなことはまったくありません。天皇は国民を想い、祈る存在だったのです。

明治天皇も、大正天皇も、昭和天皇も、そして今上《きんじょう》陛下も同様です。

【自ら併合へ向かう韓国】
独立する気概のない韓国。併合するしかなかった……

「戦争」の話 其の21

日露戦争での〝日本勝利〟で、世界情勢も変わっていきます。小国としか思われていなかった日本が大国に勝ったということで、日本の国際的地位は高まっていきます。

アメリカとの間には、1908年（明治41年）に「高平・ルート協定」が結ばれます。これは日本にとってかなり有利なもので、この時点での領土の現状を認め合います。アメリカのハワイ、フィリピンの管理権を承認し、日本の満州での地位を承認するというものです。「機会均等」「清の領土保全」も確認されています。

さらに日露戦争の後には、列強との間で交換されていた公使を大使に格上げしていきます。当時、大使は重要な一部の国だけで交換されており、この格上げはまさに日本が認められたということでもあるのです。

そうしてようやく念願だった「不平等条約の完全撤廃」が完結へと向かいます。立憲政治を打ち立て、日清・日露と戦い、世界に認められて、1911年（明治44年）に不平等条約は撤廃されます。翌年は大正元年になりますから、明治の最後にケリをつけた形になります。

一方、朝鮮半島からはロシア勢力がなくなりますが、韓国は結局停滞しており独立できないでいます。というか、する気がありません。

日清・日露戦争の要因となった朝鮮の安定は待ったなしです。日本は朝鮮の保護国化を進めていきます。第三次までの「日韓協約」で保護国化が進行していくわけですが、自分を当時の朝鮮民衆だと考えて想像してみると、悲しくなってきます……。

朝鮮はなんとか日本に抵抗しようと、「ハーグ万国平和会議」に密使を送って保護条約の無効を訴えようとしますが、失敗。さらに1909年（明治42年）には初代韓国統監となった伊藤博文を安重根《あんじゅうこん》が殺害します。

当然、朝鮮の不義に日本世論は激昂し、「併合論」も強くなっていきます。

1910年（明治43年）、ついに韓国は日本と併合し、消滅します。「韓国のやることなすことすべてが併合化を早めていった」というのは何とも感慨深いものがあります。

併合に反対して「義兵闘争」も起きますが、朝鮮の悲劇はそれが近代化に向かっていないということです。つまり「近代化を成し遂げて独立するんだ」という気概のもとに生まれた闘争ではなく、単純に日本に対する恨みだけで、その先がなかったのです。国家が消滅するということは、当時の朝鮮人にとって耐え難い苦痛だったでしょう。しかし、いくらでも独立するチャンスも時間もあったのです。悲しいことに、当時は強くならなければ容易にのみ込まれる時代です。

朝鮮の人々の中にも、「日本と手をとってやっていくしかない」という考えを持った勢力もありました。「一進会」と呼ばれる会員百万人を自称する団体です。一進会は日露戦争でも日本に協力し、併合を求めていたのです。こうした勢力があったということも覚えておく必要があるでしょう。

特に近年、「歴史問題」が韓国から度々聞こえてきます。併合についてはいろいろな考え方があるでしょうが、一面の事実として朝鮮が著《いちじる》しい発展を遂げたということもあります。

併合以来、そもそも教育の概念がなかった朝鮮に学校をつくって教育を行い、滅びかけの「ハングル」を普及させました。「鉄道」「橋」「道路」「電気」など各種インフラを整備し、6億本にも及ぶ大規模な「植林」を行い、農業も工業も発展して所得も増えました。人口も倍増し、「医療」環境も整えられた結果、寿命も倍増しました。そういう面もあったのです。

日本の朝鮮統治が韓国の主張するような苛烈《かれつ》なものだったとしたら、このような発展はないはずです。韓国は「日本が奪った！」と言いますが、韓国から奪うものなどはっきり言ってなかったのです。

こうした諸改革の費用はもちろん日本が負担しています。日本はとんでもない金額の資本を流し込み、韓国を発展させていきました。

また「植民地にした」とも言われますが、日本の場合は他の列強の植民地経営とは似て非なるもので、あくまで内地（日本）の延長として考えていました。だからこそインフラも整備し、教育まで熱心にやったのです。

以前インドに行ったとき、現地のガイドの方がこう言いました。

「イギリスがインドを植民地化していたとき、彼らは教育を奪った……」

本当に、搾取《さくしゅ》することだけを考えるのなら教育などする必要がないのです。むしろ教育しないことによって考えることをやめさせ、従順に、そして永遠に搾取できる人間にしたほうが都合がいいわけです。

「歴史を直視しろ」というのなら、こういった面もしっかり見るべきでしょう。

第３章◆「第一次世界大戦」、そして「満州事変」へ

戦争が日常だった、「世界大戦」の時代

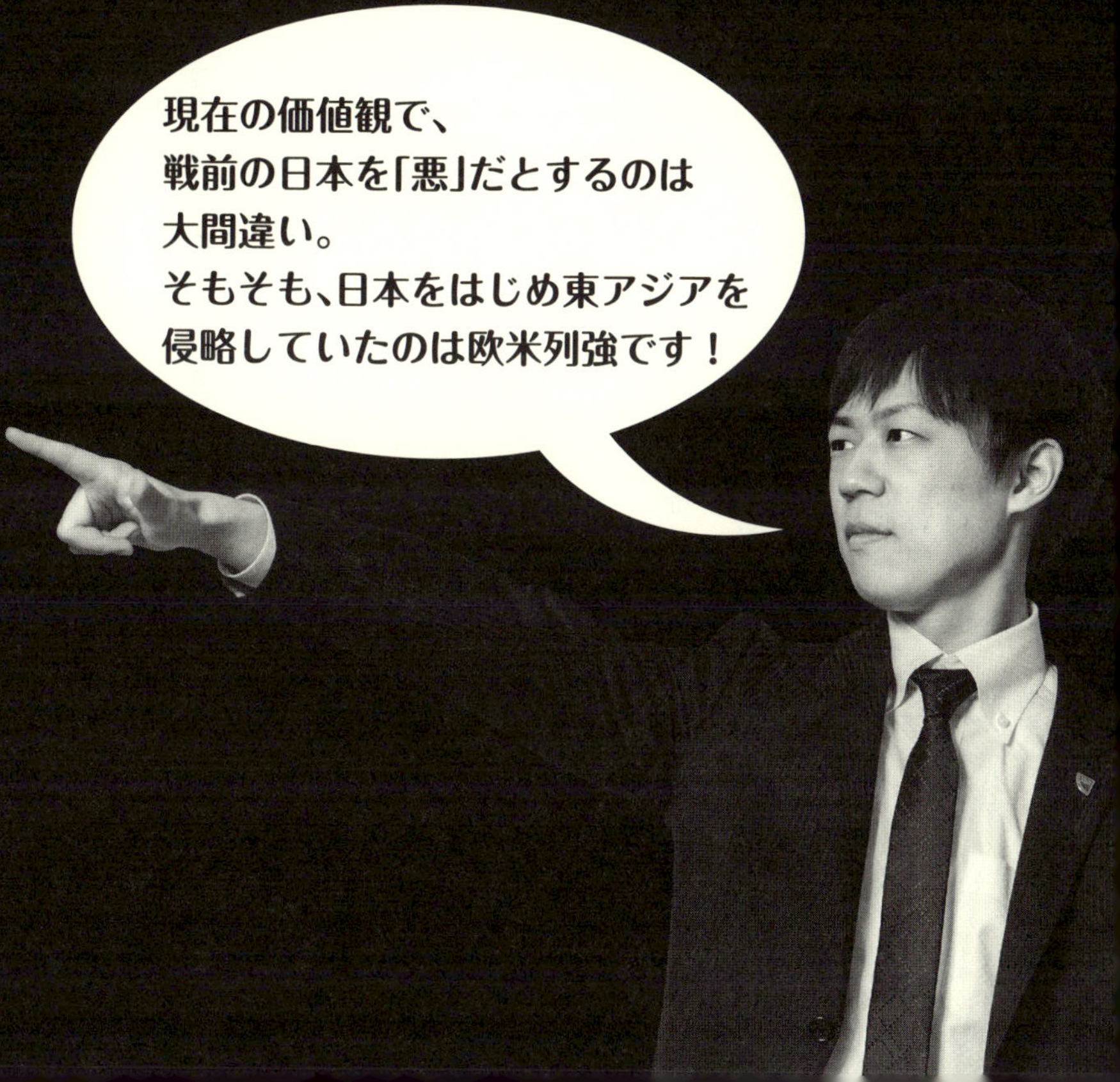
現在の価値観で、
戦前の日本を「悪」だとするのは
大間違い。
そもそも、日本をはじめ東アジアを
侵略していたのは欧米列強です！

「戦争」の話 其の22

【「軍縮」と「二大政党制」の時代】

「軍部の意のままだった」は本当か？

「戦前の日本」というと、「軍部が膨張《ぼうちょう》していって、意のままにしていた」というような印象があるかもしれません。しかし、実態はそうとも言いきれないのです。

日本は日露戦争の後、大国として認知されてきました。ですが、比較的安定していたとはいえ、ロシアからの復讐戦に備えていなければなりません。

陸軍は１９０７年（明治40年）に制定された「帝国国防方針」によって、19師団から25師団へ増強しました。これは日露戦争の帰結で、朝鮮はじめ守備する範囲が増えたためです。一方、海軍は陸軍に予算を取られまいと、戦艦及び巡洋艦各8隻の軍備拡張を長期目標とします。

「軍部の意のままだった」というのなら、ここもすんなり拡張が決まりそうなものですが、なかなか進展しませんでした。

１９１０年代から２０年代にかけては、「大正デモクラシー」と呼ばれる時代です。徴兵による国民への負担が大きかったため、海外派兵を停止するよう求めるなど「国民の権利拡張」が叫ばれるような運動が行われていきます。

また、大正期は〝軍縮時代〟でもあり、むしろ軍人が軽《かろ》んじられる時代でもありました。軍縮時代ですから予算もなかなか認められず、陸軍と海軍は予算の取り合いに明け暮れます。

１９２５年（大正14年）には「普通選挙」を実施し、いわゆる「憲政の常道」が定着していきます。憲政の常道とは「選挙で選ばれた第一党が内閣を組織し、内閣が失政で倒れた場合には野党第一党が首相を出して内閣を組織する」というものです。

「民主主義はアメリカが持ち込んだ」というプロパガンダが戦後定着していきますが、日本は戦前からこうした民主的な流れができていたのです。

現代は選挙権にしても権利を持っているのが〝当たり前〟になってしまっています。先人はこうした民主的な流れをつくるために行動を起こしていたことを考えると、現代の日本人はやはり甘ったれているなと感じてしまいます。

「戦争」の話 其の23

【「第一次世界大戦」勃発】

ヨーロッパ中が火の海となった、とてつもない戦争

ここまでの大戦争になるとは誰が予想したことか……。「第一次世界大戦（「欧州大戦」とも言う）」は、それまでの戦争と比べると驚くほどの死者を出す凄惨《せいさん》なものとなりました。

1914年（大正3年）6月28日、ボスニアの首都サラエボで、訪問中だったオーストリア帝国の皇太子フランツ＝フェルディナント夫妻が、セルビア民族主義グループの青年によって殺害されます（「サラエボ事件」）。

第一次大戦前のヨーロッパは、基本的には列強による協議でヨーロッパでの戦争を避けつつ国境変更が協議されている状態でした。

19世紀は、ドイツのオットー・フォン・ビスマルクがフランスを孤立させるような複雑な同盟体制を築き上げ、うまく戦争を避けていたのですが、ドイツ皇帝ヴィルヘルム

二世がビスマルクを辞めさせてからは加速度的に危機が強まっていきます。ヴィルヘルム二世は、この後も世界を引っ掻《か》き回します。

「ヨーロッパの火薬庫」の名の通り、バルカン半島では争いが絶えません。ここは多数の民族が雑居し、列強の利害が衝突する地でもあったのです。結局、ここから第一次大戦は広がっていったようなものです。

当時は、誰も大戦争になるなんて思ってもいませんでした。19世紀に起こった争いのような短期決戦を考えていましたが、実態はまったく異なるものとなりました。

サラエボ事件の後、オーストリアがセルビアに宣戦布告し、ドイツはロシアに宣戦布告、イギリスとフランスはドイツに宣戦布告し、大戦争となります。「ドイツ、オーストリアの同盟」対「イギリス、フランス、ロシアの同盟」という構図です。

日本は日英同盟に基づいて参戦することになりますが、これはもちろんイギリスから正式に要請があったためです。イギリスの貿易船を攻撃するドイツの「仮装巡洋艦」を撃破してほしいというものでした。

日本はドイツに最後通牒《つうちょう》を出し、長い回答期間を設定しましたが、ドイツは無回答。そのため、1914年8月23日にドイツへ宣戦布告します。

戦闘に入ると日本軍は強く、あっという間に東洋からドイツ勢力を駆逐してしまいます。イギリス、フランス、ロシアからはヨーロッパに日本軍を派遣するように要請がきます。しかし、日本はこれを拒否しました。その後何度も要請がありますが、当時の加藤高明外相は、「帝国陸海軍は国防のためにある」と固辞します。

このときイギリスは、「戦費はこっちで保証するし、参戦してくれたら戦後の会議でも有力な発言権を持てるはず。だからなんとかお願いします！」という低姿勢でしたが、それでも断りました。

「なるべく列強に不信感を持たせないように」と、日本は慎重を期していました。9月にイギリス、フランス、ロシアは、対ドイツ戦での単独不講和と講和条件の相互協定を取り決めた「ロンドン宣言」を調印します。

日本では駐仏大使だった石井菊次郎が、「将来の講和で発言権を確保する」という目的で参加を進言します。日本は最初は乗り気ではなかったのですが、石井が外務大臣になった1915年（大正4年）10月にロンドン宣言に加入します。これはイギリス、フランスなどを安心させることとなりました。

艦隊派遣の要請もありますが、これも最初は拒否します。しかし、ドイツの海上での動きが活発になってくると、イギリスはまた「艦艇を地中海に派遣してください！　お願いします！」と求めてきます。ここに至って相当の協議を経て、1917年（大正6年）2月に日本は、地中海方面に巡洋艦1、駆逐艦8で構成される艦隊を送り込んでイギリス側を守りました。

ドイツはシュリーフェン将軍の立案した「シュリーフェン・プラン」で戦争を開始します。これはどういうものかというと、ロシアとフランスに挟まれているドイツは、両者をいっぺんに相手にする二正面作戦は難しいわけです。そこで、まずフランスを攻めて倒した後に、ロシアに当たろうとしました。

しかし、これは大誤算となります。「西部戦線」でのフランスの抵抗が思いのほか激しく、ドイツは大苦戦。逆に「東部戦線」のロシアはもろいというものでした。

西部戦線は凄惨な戦場で、戦争開始から5ヶ月で両軍ともに多くの人命が失われます。フランス軍は戦死・戦傷・捕虜を含めて85万人を失い、ドイツ軍は68万人を失いました。

なぜここまで死傷者が多いのかというと、機動戦が多くて塹壕《ざんごう》などをつくる余裕もないまま敵陣に突っ込むという戦法を繰り返していたためです。主力は砲撃で、これによってばったばったと人命が失われます。〝大量消費の物量戦〟になっていたのです。

戦争開始も偶然といえば偶然ですし、連携もあまりとれていません。ドイツとオーストリアは軍事行動について打ち合わせをあまりしていなかったので、緒戦でドイツは、「シュリーフェン・プランでフランスに向かっている間に、オーストリアがロシアを抑えてくれるだろう」と考えていました。逆にオーストリアは、「セルビアと戦っている間は、ドイツがロシアを牽制《けんせい》するだろう」と考えていたのです。

第一次世界大戦は戦死者だけ見ても、1000万人近くになるという有様です。日本だと学校の授業でも流す程度しかやらない印象がありますが、ヨーロッパにとってはと、て、つ、も、な、い、重要な出来事だったのです。

これだけの死者を出した戦争ですから、当然戦勝国は敗戦国ドイツに過大な要求をすることになります。この過大な要求が、のちに第二次世界大戦を起こす遠因となっていくことになるのですが……。

「戦争」の話 其の24

【ロシア革命】

「お金持ちを皆殺しに！」共産主義の恐怖

20世紀の不幸のひとつに、「共産主義」があります。この共産主義のもとで、一体どれだけの人が亡くなったことか……。

第一次世界大戦中のロシアでは、革命運動が盛り上がっていきます。1917年（大正6年）の「二月革命」、レーニンが主導したボリシェビキ派が武装蜂起した「十月革命」を経て、ロシア帝政は打ち倒され、「ソビエト連邦」が登場します。

ソ連は言うまでもなく共産主義によって、世界中に独裁政権を立てようとしたのですが、根本の共産主義というのは完全に狂った思想であると今ではわかるでしょう。共産主義とは突き詰めると、「資本家階級、つまりお金持ちを皆殺しにしよう」というものです。

こうした革命が起きたロシアですが、当時は第一次大戦中です。イギリスとフランスはロシアが担当する東部戦線がなくなることを恐れていました。そのために、革命に対する干渉戦争を起こします。大義名分としては、「ロシア革命で孤立していたチェコ軍を助ける」というものです。

またもや日本に出兵の要請がきますが、日本は最初「アメリカとの協調がとれないなら行きません」と拒否します。でも、イギリスなどがアメリカのウッドロウ・ウィルソン大統領に出兵を要請し、アメリカが出兵を決めたため日本も出兵する運びとなります（「シベリア出兵」）。

このときの米軍は、共産主義の脅威を認識していなかったのか、もしくは日本に対して猜疑心《さいぎしん》を抱いていたのかわかりませんが、共同で出兵のはずなのに連携がとれません。むしろ、「ボリシェビキ」（ウラジーミル・レーニンが率いた左派の一派のこと）に好意を抱くという有様です。

日本としてはロシアで不穏《ふおん》な勢力が力を持つと、国土が近いため危機感を持たざるを得ません。アメリカは国土から遠く離れた土地でのことなので、危機感がありませんでした。この共産主義軽視は、のちに歴史が「誤りである」と証明しているでしょう。

シベリア出兵自体は戦費もかさみ、人員も投下し、「尼港事件《にっこう》」という共産主義者によって日本人が虐殺される事件などもあり、日本は引くに引けないまま1922年（大正11年）まで出兵を続けてしまいました。このため、国際的不信を招くことになります。ただ尼港事件について考えると、本当に「共産主義者ってやばいんだな」と認識せざるを得ません。

尼港というのは、樺太の対岸にある町で1920年代の初頭には日本人居留民や陸軍の守備隊、海軍通信隊など七百数十人が居留していました。ここに共産主義パルチザンの危険集団がやってきます。構成はロシア人、支那人、朝鮮人、合わせて4000人という規模のものです。

彼らは偽装講和を結んで、入り込んで暴れまわり、殺戮《さつりく》を行います。そして1920年（大正9年）3月12日、日本の守備隊と交戦になります。守備隊は大半が惨殺され、居留民らも投獄されます。

日本は救援軍を送りますが、共産パルチザンは収監していた日本人をことごとく虐殺してから逃走します。尼港の市民も共産党に同調しない者は虐殺され、市民約1万2000人の内、約6000人が虐殺されたと言います。

判明しているだけで、日本人の犠牲者は700人を超えるというとんでもない事件でした。当然、日本では「対ソ強硬論」が出てきます。シベリアからの撤退が遅れることになるわけです。

よく日本軍の蛮行《ばんこう》だけを熱心に教える歴史の先生などもいますが、そういう人に限って日本人が700人も虐殺された尼港事件については一切ノータッチだったりします。共産主義者がどれだけ危険か、この事件だけ見てもわかるでしょう。

ソ連の崩壊で共産党の時代は終焉したかに思えますが、日本では未だに〝共産党〟と冠した政党が存在すること自体異常なことです。日本における共産党は、かつて「天皇制打倒!」「暴力革命!」を掲げていたため、大変危険な存在でした。そのために、「治安維持法」が制定されたのです。

ちなみに「天皇制」という言葉自体「共産党用語」ですから、使わないように気をつけましょう(便宜上使うこともありますが……)。

【二十一ヶ条の要求】

約束を反故《ほご》にする支那と、約束を遵守する日本

「戦争」の話
其の25

1911年（明治44年）、支那に大きな変革がありました。「辛亥《しんがい》革命」です。これによって清王朝は倒れ「中華民国」が成立、といえば聞こえがいいのですが、実態は後述するように〝軍閥割拠〟の混乱状態でした。

第一次世界大戦中の1915年（大正4年）に、日本はいわゆる「対華二十一ヶ条要求」を行います。このように教科書には書いてありますが、実際には14ヶ条の要求と7ヶ条を希望するものでした。当時、中華民国の初代大総統だった袁世凱《えんせいがい》に「内政上の問題で……」と、最後通牒の形式を取ってほしいと請《こ》われた上で出したのですが、結果、プロパガンダに最大限使われてしまいました。

内容は、第一次大戦に参戦した日本が山東省《さんとうしょう》における旧ドイツ権益について事前承諾を求めたり、南満州などでの日本人の土地所有権や居住往来営業権を求めたりしていま

す。

最終的には交渉の結果、16ヶ条が「日華条約」として結ばれました。

しかし支那は、「日本に脅迫された条約だからこんなものは無効だ！」と、1923年（大正12年）に国会で無効を決議したりします。

いろいろと事例があるのですが、こんな調子で、「都合が悪いと勝手に破棄する」というのはこれからもよく出てきます。そんなことが許されるなら、なんでもありになるでしょう。

約束を守らないのは、日本の近隣国ではよくあることです。逆に、いつも最大限約束を守るのは日本でした。

【変化する世界のパワーバランス】

たった50年で、世界の「五大国」になった日本

「戦争」の話 其の26

未曾有《みぞう》の死者を出した第一次世界大戦も、１９１８年（大正7年）に休戦条約が結ばれます。翌年にはパリで講和会議が開かれるのですが、ここに日本はイギリス、アメリカ、フランス、イタリアと共に五大国の一員として参加することになるのです！

植民地目前だった日本が、50年あまりで世界の五大国にまで上り詰めました。ほとんどのアジア諸国が列強の波にのまれていた中ですから、その凄さがわかると思います。

日本としては、山東省のドイツ権益継承問題や、ドイツ領だった南洋諸島の問題などが懸案でした。

支那は、自らは何もしていないのに回収だけしようとします。毎度毎度約束を守らず、都合のいいことばかりやっていたのです。もちろんそんな要求が通るはずもありません。それで、支那は条約調印を拒否しました。

南洋諸島については事前にイギリス、フランス、イタリアと協定が結ばれていたので要求が通り、日本の「委任統治領」となります。

さらに、日本はこの場で「人種差別撤廃」を訴えるのです。当時は今よりさらに人種差別が激しい時代であり、日本としては重要な問題でした。実際に、アメリカでは日本からの移民が差別され排斥《はいせき》されていたのです。

こうした事情から提案した人種差別の撤廃ですが、国際連盟委員会で17票中11票を獲得します。「おっ、過半数とってるじゃん」と思うのですが、アメリカのウッドロウ・ウィルソン大統領が〝全会一致〟を主張したため破談になりました。

ウィルソンはきれいごとばかり言う割に、こういう重要なことには目を瞑《つむ》るところがあります。ちなみにこの5年後（1924年）には、いわゆる「排日移民法」がアメリカで成立します。

ウィルソンは相当世界を引っ掻き回しました。アメリカは第一次大戦中の1917年（大正6年）に、「14ヶ条の平和原則」を発表しています。これは「秘密外交の禁止」や「民族自決」を謳っていたため、のちに混乱を巻き起こします。

さらに「国際平和機構の成立」も掲げます。これは「ヴェルサイユ条約」（1919年

／大正8年）に盛り込まれて「国際連盟」設立の運びとなるわけですが、提唱しておいて当のアメリカは上院の否決により不参加という有様です。

ヴェルサイユ条約でドイツには天文学的な賠償が課せられ、総力を打倒されます。戦争で大ダメージを受けたところに、さらに超絶ダメージです。

ヴェルサイユ条約が結ばれてから、世界は〝軍縮〟の傾向になっていきます。未曾有の大戦争に世界中が辟易《へきえき》していたのです。

1922年（大正11年）には、アメリカのワシントンで「海軍軍縮」と「極東・太平洋問題」についての国際会議が開かれました（「ワシントン会議」）。このワシントン会議は、日本にとって大きな転換点となります。ここでは三つの重要な条約が交わされます。「四カ国条約」「五カ国条約」「九カ国条約」です。

まず日本の繁栄とともにあった日英同盟が、このワシントン会議の四カ国条約（日本、アメリカ、イギリス、フランス）で廃止されます。日本とイギリスからの挟み撃ちを恐れたアメリカが、イギリスに圧力をかけて日本に廃止を申し出て、日本も全権委員の幣原喜重郎《しではらきじゅうろう》が受け入れてしまうのです。

アメリカが「日本とイギリスの挟撃《きょうげき》をくらう〜!!」というのは妄想《もうそう》にも近いのですが、それくらい日本を大国として認めていたということでもあります。日英同盟の破棄が四カ国条約に明記され、アメリカはかなり喜んだと言います。

日英同盟を結んで日露戦争に勝ち、不平等条約を撤廃し、欧州大戦に当たって世界の五大国となる……、日本の栄光は日英同盟とともにありました。日英同盟を破棄してから日本は破滅に向かっていくことを考えると、やはりワシントン会議は大きな転換点だったと言えるでしょう。

軍縮面では、主力艦の建造を各国とも制限します。過熱する建艦競争を抑えようという目論見がありました。

当時の主力艦比のバランスは、日本3に対してアメリカ5、イギリス5、フランス1・75、イタリア1・75といったところです。対米7割を求めていた日本としてはやられた感があります。もっとやられたのはイギリスです。アメリカにすら並ばれ、栄光の大英帝国も衰退といった有様でした。

さらに「建造中の主力艦は廃棄して、10年間建造を中止する」「太平洋前進基地の現状維持」などの取り決めもされます。現状維持というのは、新たに要塞をつくったり、海軍の根拠地をつくったり、沿岸警備を増強しないということです。ただし、ハワイやシンガポールなどは除外されたので、そこが強化されていくことになるのです。これらの軍縮を定めたのが、五カ国条約になります（日本、イギリス、アメリカ、フランス、イタリア）。

そして、九カ国条約が結ばれます（日本、アメリカ、イギリス、フランス、イタリア、ベルギー、オランダ、ポルトガル、中華民国）。はっきり言って九カ国条約は意味不明の条約で、当時主権国家ですらなかった中華民国（詳細は後述）について、中華民国に主権国家になる機会を保証し、機会均等・門戸開放などを取り決めます。

位置的にも支那に近く、利害関係が著しい日本としては、いちばん害を被ることになります。地理的に遠いアメリカなどはただきれいごとを言っていればいいのですが、日本としては死活問題です。これがのちに響いていくことになります。

ワシントン会議にソ連は呼ばれず、日本だけが非難を浴びたことも重要でしょう。何の拘束も受けないソ連は、世界を共産化するために邁進していくのです。

ワシントン体制のもとで、世界はさらなる混乱の時代へと突入していきます。日英同盟の解消によって、日本もイギリスもアメリカも、放置してしまったソ連への対処に頭を悩ませます。群雄割拠の支那にも、まとまって当たることができなくなってしまいます。

大正時代の軍縮傾向の余波として、日本では1920年代には、前述したように軍人が軽く見られていました。通史的な「軍部の独走が〜!!」という史観だけ聞いているとなかなか考えられないことですが、この当時は軍縮の時代だったのです。

また、第一次大戦中は、日本が好景気に沸いていた時代でもありました。

「戦前の日本は暗黒」との見方や、「大東亜戦争の後で日本が発展した」という意識があるかもしれません。しかし、当時から日本は大きな成長を遂げていたのです。国内のインフラも鉄道をはじめ、どんどん整備されていきます。

「戦争」の話
其の27

【近代国家になれない支那】

「革命」の波が、大陸を覆い尽くす

教科書や学校の授業で学ぶ歴史では、支那の状況がわかりにくいと思います。「清王朝」→辛亥革命で「中華民国」→中国共産党の天下で「中華人民共和国」と、ざっくり言えばこのような感じですが、実態はめちゃくちゃでした。

教科書から一歩進んでみると、国家にすらなれない、約束も守らないという支那の異常性が見えてきます。ここから少し、当時の支那を見ていくことにしましょう。

日清戦争での敗北や、列強の進出などで清はどんどん弱体化していきます。清というのは満州族の王朝です。支那王朝は一貫した歴史を持っているわけでなく、王朝が変わるごとに殺戮が繰り返され、歴史は断絶します。

虐げられていた漢族は「滅満興漢《めつまんこうかん》」を掲げて革命運動に邁進します。その流れの中で、1911年（明治44年）に支那では「辛亥革命」が起こって清王朝が倒されます。

翌年1月には孫文《そんぶん》を臨時大総統に据えて「中華民国」が誕生します。と、ここまではいいのですが、まとまることはありません。清朝末期から台頭していた袁世凱は2月から臨時大総統になり、強権を振るっていました。孫文は第二革命を志しますが、失敗して日本に亡命します。こんな調子ですから、内政は荒れに荒れます。

袁世凱は「力がないと支那は統治できない」と強権を振るいますが、最後には自ら皇帝を名乗り、帝政を復活させ失敗。その後袁世凱が急死すると、後継を巡って対立が繰り広げられるのです。

実際あれだけの広さを持ち、大量の民族とそれぞれ違う言語がある場所を治めるというのは生半可なことではできません。今も中国共産党の一党独裁がとられていますが、こうした強権を振るわないと支那はまとまらないというのも事実でしょう。

帰国した孫文は国民党を立ち上げ、1921年（大正10年）広州に政府を樹立。しかしあちこちで軍閥が自分の政府をつくり、皆が「自分が正統な政府だ！」というわけです。抗争も激しく、他国から見たら一体どこが正当な政府なのかわかりません。

支那の革命運動にあたっては、日本人も多く協力していました。何しろ支那の安定は日本、ひいてはアジアの安定に繋がっていくからです。

共産主義による支那の〝赤化《せっか》（共産主義化）〟という脅威もありました。1919年（大正8年）には「コミンテルン」が結成されます。コミンテルンとは共産主義インターナショナルのことで、共産主義者の国際組織です。「第三インターナショナル」とも呼ばれます。ただ国際組織といっても、実質はボリシェビキの指導と影響力が強いものでした。結成されたコミンテルンは、世界中で共産化を目論み暗躍していくのです。

コミンテルンは加盟する各国の共産党に、二十一ヶ条の綱領を絶対承認させようとします。これは「暴力革命で独裁政権を樹立する」というもの。危険!! あまりに危険!!

1921年（大正10年）には、中国共産党も結成され各地に支部ができてきます。その中で満州支部ができたことで、日本の共産主義への警戒は高まっていきます。先ほどの尼港事件にしてもそうですが、彼らは異常なのです。

共産化を防ぐためにも、日本にとって満州の重要性は高まっていきました。1922年（大正11年）には、「日本共産党」も結成されます。最初は〝コミンテルン日本支部〟としてスタートです。危険な共産主義者を取り締まることは急務でした。何しろ「天皇制打倒！」「暴力革命！」ですから、危険性は誰でもわかるでしょう。

共産化の波は着実に支那を襲います。孫文は共産主義の脅威をあまり理解できていなかったようです。ソ連が孫文に接触していくのですが、本来主義が違うはずなのに、革命のためなら誰とでも組むという姿勢なのかうまく乗せられて「連ソ容共《ようきょう》」「労農扶助《ふじょ》」の方針を打ち出します。

蔣介石《しょうかいせき》は孫文の命令で1923年（大正12年）にソ連を訪問し、諸々視察をするわけですが、蔣介石は「この人たち、やばいんじゃないか？」と報告します。ですが孫文は、「それは取り越し苦労だろう」と取りあいません。

容共（共産主義に理解を示すこと）の姿勢が出ると、国民党に共産党員がどっと流れ込みます。こうして1924年（大正13年）に、「第一次国共合作」が成立するわけです。

中国共産党とコミンテルンはもちろん共産革命を目指していました。しかしそうしたことは一切隠して、孫文を甘言で協力させていくのです。

共産党の狙いとしては国民党の勢力を利用しつつ、共産党員が内部に入り込むことによって共産化を進め、最終的には全支那を赤化させることです。まんまと孫文は乗ってしまいました。

共産党員が国民党の要職に就いていきます。共産党員は早速《さっそく》国民党の分裂工作を始め、マルクス主義の浸透を進めます。当時共産化の指導をしていたのは、ソ連から来て国民党顧問となっていたミハイル・ボロヂンです。「こんなのが顧問なの？」という時点で終わっているのですが、仕方がありません。

そうした工作活動が行われる中、孫文が死亡し、国民党は蒋介石が実権を握るようになります。蒋介石は支那統一へ向け、北伐《ほくばつ》を開始するのです。北伐というのは、当時の北京政府や各地の軍閥を倒す戦い、つまり〝統一〟へ向けた戦いのことです。

共産党勢力は北伐に反対を表明します。北伐が成功した暁《あかつき》には蒋介石の名声は高まり、共産革命が成し遂げられなくなると危惧《きぐ》したからです。

しかし、北伐自体は全国統一を望む世論を背景に急速に進んでいきます。北伐がいざ決まると、中国共産党勢力は表面上賛成をするのですが、便乗《びんじょう》して「労働運動」を活発化させるようコミンテルンから指示を受けます。

国民党軍の軍規は乱れ、北伐の過程で日本をはじめ諸外国の財産や人命に対して無法行為に出ることもしばしばです。略奪に強姦……、支那の戦争ではよく見られる光景なのですが、こうした暴虐行為の裏にも、共産党勢力の意図《いと》がありました。

国民党軍は進撃を続け、武漢《ぶかん》を落とします。さらに進撃を続ける国民党軍ですが、共産党勢力は武漢にとどまって軍閥の唐生智《とうせいち》と組み、共産勢力の根拠地にします。

1926年（昭和元年）には「武漢政府」が誕生しますが、これは共産党勢力と国民党左派が結託したもので、蒋介石との対立は深まっていきます。

先ほども書いたように、蒋介石は共産党の危険性を理解しています。急速に国民党内で勢力を伸ばす共産党勢力は、蒋介石にとって危険そのものです。

そんな中、「南京事件」が発生します。南京事件と言っても、俗に言われる「南京大虐殺」とは違います。1927年（昭和2年）3月、南京に国民党軍が迫っていました。

ここに至る前に、国民党軍は漢口と九江のイギリス租界《そかい》（外国人居留地）を実力接収しています。これには列国が仰天《ぎょうてん》します。そもそも租界というのは、国際条約に基づいて設置されているものです。租界を実力で回収するということは、列国側も実力で阻止せざるを得なくなります。支那は都合が悪いものは約束を破って破棄してくるので、そもそも主権国家になれるはずもなかったのです。列国は権益が集中する上海の防備を強め、国民党軍が上海に入ったときには武力衝突は発生せずに済みます。

南京に入場した国民党軍でしたが、最初は平和的に入場を果たします。しかし一部の軍人や便乗した住民が暴れ出し、外国の領事館や居留地を急襲し、略奪や暴行を行います。各国の居留民7人が殺害され、2人が行方不明となりました。

当時の日本領事館では警備のために海軍陸戦隊がいましたが、反撃することを禁止されていたため、一方的な暴行と略奪を受けました。抵抗すると尼港事件のように殺害されるかもしれないため、無抵抗が徹底されていたといいます。なかでも悲惨なのは婦女子で、ことごとく陵辱《りょうじょく》され、南京の地は阿鼻叫喚となります。

南京事件の裏にも共産党勢力の策略があったといいます。つまり蒋介石を難局に追い込み、失職させるためです。実際、国民党軍の側からも「これは共産党の不良たちが仕組んでやったことだ」との旨を日本に伝えてきます。イギリスのチェンバレン首相も下院で、「南京事件はコミンテルンの指揮下で組織され、発動された」と演説を行います。共産党勢力による排外活動はその後も活発化していきます。

怒ったアメリカ・イギリスは、南京城内で砲撃を実施します。条約を守らず暴れまわる支那に、イギリスもアメリカも怒り心頭《しんとう》だったのです。現在では「日本の侵略が～!!」とやたらと言われていますが、日本は「さらなる残虐行為を誘発する恐れがあるから……」と砲撃には参加しませんでした。

当時の外務大臣である幣原喜重郎の外交姿勢は、「幣原外交」ともよばれる協調路線でした。協調路線といえば聞こえはいいのですが、日本人に被害が出ても不介入指示を出すなど〝弱腰〟で、閣内からも政策転換を求められていました。

支那においてともに権益を持つ日本とイギリスは、かつては日英同盟を結んでいましたし、革命支那にあってはやはり協調していくほうが現実的でした。そのため新たな日英同盟の提唱もあったのですが、幣原外相は日英の協力に無関心だったのです。

蒋介石は共産党勢力の危険性を理解していましたし、南京事件を通して「これはもうこいつらを生かしておけない」と上海で大弾圧を実行します。そして南京政府を樹立するのです。

南京政府、武漢政府、さらに張作霖《ちょうさくりん》の北京政府と3つの政府がある状態です。もはや支那は無法地帯です。この支那の動乱で日本人も多く巻き込まれて殺害されています。朝鮮でも領事館を焼かれ、日本人が殺害されたりしていましたが、こちらはもっと凄いです……。

3つの政府が混在するに至って、1927年（昭和2年）7月、第一次国共合作は終焉を迎えます。国民党は共産党と絶縁し、ボロチンらソ連の顧問も追放します。

【残虐すぎる「済南事件」】

傍若無人な支那人、それでも耐える日本人

「戦争」の話 其の28

日本の加害責任があるとかないとかばかりが語られることが多いのですが、公平に見るなら日本の被害にも目を向ける必要があるでしょう。1928年（昭和3年）4月から「第二次北伐」が開始されます。蒋介石の敵は北京政府の張作霖です。日本は南京事件のこともあり、田中義一内閣は「居留民の危機が去ったときには速やかに撤兵する」という宣言して「山東出兵」を行います。ちなみに、外相は田中が兼任しています。

山東出兵について、「そんなものは侵略の口実だ」という見方もあるかもしれませんが、出兵に至るまでに南京事件をはじめ、法の下の秩序など存在しない支那の存在があったということを忘れてはいけません。

そんな中、またもや日本を悲劇が襲います。「済南《さいなん》事件」です。

済南は山東省にある商業が盛んなところでした。人口38万人が住んでおり、諸外国の人々も多く居住しています。日本人も当時２０００人ほどが生活をしていました。山東省は第一次世界大戦の結果、ドイツから引き継いだ権益があるため日本人が多かったのです。

国民党軍が迫ってくると、第二の南京事件を警戒し、現地から田中内閣に出兵の要請があります。田中首相は熟慮に熟慮を重ねた末に居留民保護のため、出兵を決意します。「第二次山東出兵」です。北京の北軍が退去すると、革命軍が入市してくるわけですが、早速日本国旗を侮辱したり、反日ビラを撒き散らすなど、露骨な挑発行為を行ってきます。緊張感はどんどん高まっていきました。

そんな中、蒋介石から「治安はこっちで守るから、争いを起こさないためにも日本の警備は撤去してよ」との要請があります。歴史から見ると、こんなものは怪しさ満点なのですが、蒋介石のことを信用して日本は防御を撤廃します。

これで平和的に解決したと思いますか？　……日本人はひどい目にあいます。

防御を撤去した直後に暴走兵が日本人の経営する店舗を襲撃し、略奪を行います。駆けつけた日本人の巡査にも暴行したため、救援部隊が駆けつけますが、支那兵はさらに発砲を加えてきます。当然、日本は応戦します。これをきっかけに戦闘が始まります。なぜか支那兵は市中で乱暴狼藉、略奪を行います。まもなく停戦の申し合わせがなされるのですが、支那兵はこれを無視して、停戦を呼びかける日本の軍使さえ射殺します。

日本人居留民が14人殺害され、その他にも多くの日本人が被害を受けました。殺し方はあまりにも残虐で言葉を失ってしまいます。それはおよそ日本人には思いつかないような残虐性です。済南で日本人がどれだけ残虐に殺されたのかということについては、外務省の公電があります。

「腹部内臓全部露出せるもの、女の陰部に割木を挿し込みたるもの、顔面上部を切り落としたるもの、右耳を切り落とされ左頬《ほほ》より右後頭部に貫通突傷あり、全身腐乱し居れるもの、陰茎を切り落としたるもの……」

信じられません。他にもこうした残虐さのレポートがあるのですが、あまりにひどいので割愛することにします。

このような事件があったと日本に情報がもたらされると、世論は激昂します。「暴支《ぼうし》膺懲《ようちょう》」という言葉も出てきます。意味は「暴虐《ぼうぎゃく》な支那を懲《こ》らしめろ」です。様々な挑発行為を繰り返し、その後もやり続ける支那に対する日本人の怒りでした。

海外の新聞論調も日本を支持する姿勢が強く、日本の正当防衛であるとの認識がありました。


先ほども書いたように、国民党軍の敵は張作霖です。交戦するも敗れ、張作霖は北京から満州に撤退しようとします。

しかし、北伐は北京で終わらないのではないかとの見方もありました。満州までやってくると、これまでの「南京事件」「済南事件」などでもわかるように、日本の権益はもちろん居留民の命が危ない。

このような事情の中で、1928年6月4日に、「張作霖爆殺事件」が発生します。関東軍の参謀河本大作《さんぼうこうもとだいさく》の策略によるものという説が有力ですが、コミンテルンの謀略説など、他にもいろいろな説があり、今後の研究が待たれます。

ちなみに関東軍というのは、満州に駐留していた日本軍のことで、〝関東〟は満州の別名でした。

元は日本寄りだった張作霖ですが、1926年頃から支那に権益を持つイギリスやフランス、ドイツ、アメリカなど権益を拡大したい彼らの支援を受けて寝返ります。そして、さらに「反共、反日」で欧米寄りの政策を推進していくのです。

しかし、欧米は蔣介石支援にシフトしていて、張作霖は後ろ盾を失うことになります。散々反日を煽っていた張作霖ですが、それでも日本政府は協調姿勢を示しました。しかし現地の関東軍や居留民としては戦々恐々です。そんな張作霖が北京から満州に引き上げる途上で爆殺というわけです。

この時期は支那のいたるところで、「侮日・排日活動」が繰り広げられていました。特に、現地に住む日本人と軍人の危機感というのは相当なものだったでしょう。実際に南京事件や済南事件なども ありましたし、自分がその場面にいたらと思うと恐ろしくて仕方がありません。

張作霖が爆殺されると、息子の張学良《ちょうがくりょう》は反日政策をやりまくります。最近でも、アジアカップで大規模な反日デモが起こって日本製品が壊されたり、日本の店舗が被害を受けたりということもあります。昔も今もあまり変わっていない印象を受けてしまいます。

【ロンドン海軍軍縮会議】

7割の戦力さえあれば、英米にも勝てた⁉

「戦争」の話　其の29

「戦争はダメ！　だけど、自衛戦争はＯＫ！」という条約が、１９２８年（昭和３年）に締結されます。「パリ条約」とか「パリ不戦条約」とか「ケロッグ＝ブリアン条約」などと呼ばれています。

「不戦条約か、平和的だな」と思うかもしれませんが、実に形骸化《けいがいか》した条約だったのです。というのも、「紛争を解決する手段として、締結国間での戦争はやめましょう」と謳ってはいるものの、自衛戦争は除外されたのです。

　イギリスやアメリカ、フランス等の列強が強く主張したためです。アメリカは自衛戦争の場合、「それが正当かどうかは当事国が決める」と主張をします。こうなると、何のための不戦条約なのかわからなくなってきます。

「よっしゃ！　侵略戦争するぞ〜!!」と宣言して、戦争をやる国はないでしょう。どの国も、「自衛」の名のもとに戦争をするのです。

また、条約違反をしても何か制裁を受けるというわけでもなく、そもそも侵略の定義もなされていないので拘束力も弱いものでした。おかしなことに、戦後この条約をもとに日本が批判にさらされるわけです。

逆に、破っているのに特にお咎《とが》めのない場面もあります。ソ連もパリ不戦条約には調印していたのですが、1929年（昭和4年）には早速軍事行動を起こしています。満州の張学良ともめて、国境を越えて侵入して交戦したのです。ところが、抗議はあったもののお咎めなしです。

田中義一内閣は張作霖爆殺事件の事後処理などで失敗し、倒れてしまいます。次の内閣では民政党の濱口《はまぐち》雄幸《おさち》が首相となります。ここでまた、幣原喜重郎が外相として起用されるのです。またもや「協調外交」という名の「弱腰外交」です。

そんな中、1930年（昭和5年）ロンドンで「海軍軍縮会議」が開かれます。「ワシントン会議」でも軍縮の取り決めがなされましたが、巡洋艦以下の艦艇については建造数が無制限でした。そのために、各国ともこの基準に合うように巡洋艦を建造していたのです。

ワシントン会議でせっかく軍縮傾向にあったのに、巡洋艦の建艦競争となっては意味がありません。財政的理由からも、日本は軍縮に流れていました。

日本の国是としては、「アメリカとイギリスの7割を確保したい！」というものでした。逆に言えば、「7割あれば英米に勝てる」ということでもあります。この日本の主張は概《おおむ》ね認められ、6・975の比率でまとまりました。

日本的には勝利なのですが、対英米7割を主張する海軍の一部は反発します。当時の井上準之助大蔵大臣の緊縮財政で海軍予算を削られていたこともあり、不満が高まっていました。

最後には衆議院で圧倒的多数を抑えた濱口首相の粘りによって批准《ひじゅん》にこぎつけます。

すでに大正時代には二大政党制の今とあまり変わらない政治体系が出てきていたわけですが、弱かったわけではなく、むしろ強かったのです。政党内閣が強いからこそ「暗殺でもしないと変わらないのではないか」という雰囲気すらありました。

だからこそ、濱口首相は国家主義団体の青年に襲われて重傷を負います。昭和期にはこうした実力行使に出る事例が増えていきます。

「戦争」の話
其の30

不景気で、「共産主義」が大ブーム!!

【「大恐慌」と「共産主義」の拡大】

現代の日本は「失われた20年」と言われるほどの、先の見えないデフレ不況に陥っています。デフレ時にインフレ対策をうてば、当然デフレが深刻化するのは目に見えているのですが、それは昔もあったのです。歴史に学ぶのなら、そうした失敗例から今に繋げるべきではないでしょうか。

第一次世界大戦中には「戦争特需」で経済成長を遂げて〝債務国〟から〝債権国〟になっていた日本ですが、１９２０年代は慢性的な不況に見舞われました。「戦後不況」から関東大震災による「震災不況」とダメージを受け続けます。

そうした状況を整理するために、財界からは「金本位制」への復帰が求められていくのです。金本位制とは、「金の保有量上限までしかお札を刷れません」というものです。

インフレ時であれば抑制のために効果を発揮するかもしれませんが、当時はデフレ不況ですから「金解禁をやればさらなるデフレ促進となって危険」というのは簡単にわかります。それでもやってしまうのですから不思議です。

そんな金解禁（金本位制への復帰）へ向けて準備を進めていた1929年（昭和4年）、好景気に酔っていたアメリカウォール街で株の大暴落が起こります。アメリカは会社や銀行の倒産が2万件を超え、失業者500万人という桁違いのダメージを受けます。

たちまち世界中に波及し、「世界恐慌」に繋がっていくのです。このような中での「金解禁」（1930年／昭和5年）は、「台風の中で雨戸をあける」ようなものです。日本はアメリカに対して多く輸出を行っていましたが、この恐慌の影響で大打撃を受けます。

日本も「昭和恐慌」の時代に突入です。金解禁によって大量の金が流出し、企業の倒産や賃金の引き下げなど、散々な結果となります。

結局、1931年（昭和6年）にはイギリスが金輸出を禁止し、他国も続いていくことになります。こうなると一体何のための金解禁だったのかわからなくなってきます。

世界恐慌の影響があり、日本には「金解禁をしない」という選択肢もありましたが、断行してしまいました。その結果、日本は大きな被害を受けます。失業者も町にあふれ、200万人が職を失ったと言います。

これも歴史の教訓でしょう。日本は一度やるという「空気」ができてしまうと、それがたとえ間違った方向だとしてもそのまま突き進んでいくところがあります。和を重んじる日本人特有の空気による支配ですが、おかしいものには「それはおかしい」と「空気」に対して風穴をあけることが必要ではないでしょうか。

最近の事例では、東日本大震災後に民主党政権は増税路線を突き進みました。デフレ不況に苦しんでいるときに増税となれば、さらなる需要の抑制となります。その後政権は自民党に移りましたが、結局増税は断行されます。

アベノミクスで景気が上向いていると散々宣伝がなされていましたが、それなら景気の腰を折るような消費増税は先延ばしすべきではないかと考えてしまいます。

マスコミの宣伝の結果か、国民的にも増税やむなしの「空気」ができ上がっていました。〝空気による支配〟が良い方向に向くのであればいいのですが、悪い方向に向くと悲惨でしかありません。

大東亜戦争においても〝空気による支配〟という性質を多分に持っていたのではないかと思います。

少し話が逸れましたが、昭和恐慌の影響は農村にも広がります。出稼ぎにきた農村出身の労働者は職を失って村に帰らざるを得なくなります。1931年には凶作の影響もあり、東北地方を中心に身売りする娘が多く出るようになりました。また、食うに困った欠食児童が多発するといったことなどが社会問題となっていきます。

さらに、徴兵制があり、男子は戦場に持って行かれます。そうなると〝農村の怒り〟は当然であり、徴兵に出た東北出身の兵士たちが怒るのもわかります。

同じ年の京都帝国大学経済学部の卒業生は51人中、卒業式までに就職が決まった人がたったの3人という有様です。

アメリカは、社会主義国家のようなニューディール政策（ある種の統制経済）を実施（「自由の国はどこに行ったんだよ」と突っ込みを入れたくなりますが）。イギリスはブロック経済で外国製品を入れないという保護貿易を実施します。輸出を増やしたい日本としては経済の面でも打撃を受けまくるわけです。
日本の国内政治では政党政治が強くて、やっていることは足の引っ張り合い（昔も今も変わらないんですね）。国民の怒りは高まっていきます。こうした政治不信から軍部が政治の舞台に出てくるというのはある意味必然だったのかもしれません。

「資本主義はもうダメなんじゃないか……」

世界中でそのような自信喪失の空気ができている中でソ連に注目が集まります。
ソ連は世界経済とつき合っていなかったので影響を受けなかっただけなのですが、世界恐慌を尻目に成長しているように見えたのです。

「時代は共産主義なんじゃないか」と多くの人が思い始めます。これが大きな間違いだということは歴史が証明していることですが、当時はそうした感覚があったようです。

【ますます混沌とする支那情勢】

「弱腰外交」が、日本を世界から孤立させた

「戦争」の話 其の31

もうすでにめちゃくちゃだった支那情勢ですが、さらに混沌《こんとん》としてきます。前述したように、張作霖の亡きあと、後を継いだのは息子の張学良です。

張学良は反日路線を打ち出し、蒋介石と融和姿勢を見せます。ここに至って中華民国は一応の統一を果たすのですが、今度は闘争の矛先を外国に向けていくのです。ただし統一とはいっても、蒋介石の台頭を快く思わない軍閥との内紛は絶えません。

日本にも嫌がらせでは済まない排斥運動が常に起こるようになります（むしろ常時やっている）。例えば日清で結んだ協定を無視して、米英の支援を受けた張学良が南満州と平行した鉄道をつくります。利害関係がぶつかるから平行路線はやめようと取り決めをしていたのですが、その協定を破って線路を引いた上、値引き競争で満鉄（南満州鉄道）を追い詰めていきます。

支那には「約束を守る」という日本人にとっては当たり前のことが通じません。「清の持っていた権益はすべて引き継ぐが、清が結んだ不都合な約束は全部破棄する」という姿勢です。これを「革命外交」と言います。ずいぶん虫のいい話ですが、支那とはそういうところなのです。

日本人の感覚で、他国を見てはいけません。他国が異常なのではなく、日本人が特殊な民族だと自覚しましょう。

イギリスやアメリカは、この頃日本に対して猜疑心を持っていました。幣原外交の結果、南京事件のときも砲撃に参加しなかったため、「もしかして日本って、支那と組んで白人を追い出そうとしてるんじゃないか?」というものです。

イギリスは、対中政策を方向転換していきます。つまり「対中宥和《ゆうわ》」に舵《かじ》を切っていくのです。もともとイギリスは遠く離れていますし、いざとなれば支那を切れますが、日本にとってはそうはいきません。「日本の権益の確保」と「共産主義化への備え」が常に必要でした。

イギリスが宥和姿勢をとると、支那の矛先は日本に向かってきます。こうした事情があって、排日姿勢は俄然《がぜん》高まっていくことになるのです。

そんな中で、幣原外交の軟弱性が支那の暴徒に拍車をかけていくのが悲しいところです。本来、支那を刺激しないように宥和姿勢を取っていたはずが、幣原外交はイギリスにまであらぬ疑いを持たせ、日本をさらなる孤立へと導いていったのでした。

今も「平和平和」と言っている盲目的な平和主義者がいますが、ただ放っておいても平和にはなりません。日本は当時、支那に対して「関税自主権を承認」（1930年／昭和5年）したりして、宥和姿勢を見せていたのにつけこまれるだけだったのです。

革命外交と称して一方的に条約の破棄を宣言し、さらに侮日・排日活動によって直接的に日本人に被害が出ている状況を考えると、現地に住む日本人の心境は推して知るべしです。

満州では毎日、領事館に日本人経営者らが懇願《たんがん》にきます。満州での交渉相手は張学良ですが、「自分には権限がないから南京政府に言ってよ」と取り合いません。仕方がないので、伝家の宝刀「遺憾《いかん》の意《い》」を連発するわけですが、考えてみると今とあまりかわりませんね。

満州事変の直前になると、「日支懸案三七〇件」との見出しが新聞にも出るようになります。問題があまりにも多すぎるのです。今日は満州で誰々が殺されたとか、どこそこが焼かれたとか不穏なニュースばかりです。

「もう幣原外交はうんざりだ！」。満州に住む日本人たちは政府が自分たちを守ってくれないため、仕方なく関東軍に談判するようになります。

支那では排日教育もされるようになり、官民挙げて反日・排日活動を展開していきます。

「中村大尉殺害事件」も満州事変へ傾く大きな要因となります。これは1931年（昭和6年）6月に、旅行中だった中村震太郎大尉が支那兵に捕らえられ、射殺された上に証拠隠滅のために遺体が焼却された事件です。

真相解明のため外交交渉がなされますが、支那は協力しないばかりか、反日プロパガンダに使う有様です。

さらに、「万宝山《まんぽうざん》事件」では朝鮮人農民が急襲され、日支両警察隊が出て行って多数犠牲者が出ます。朝鮮人も当時支那人に排斥されていたのです。

挑発に次ぐ挑発。約束を一切守らず排日姿勢を強める支那。次々犠牲になる日本人……。いいかげん、温和な日本人の我慢も限界を迎えていました。

【「柳条湖事件」から「満州事変」へ】

「反日プロパガンダ」だけ上手い支那の人々

「戦争」の話 其の32

1931年（昭和6年）9月、ついに「満州事変」が勃発します。ソ連が1928年（昭和3年）に始めた「5カ年計画」の途上であり、「これが成功すると、満州を占領することも容易ではなくなるだろう」という読みと焦りが日本側にはありました。そこでやるならばこのタイミングしかなかったのです。

きっかけは「柳条湖《りゅうじょうこ》事件」です。これは満州鉄道の線路が破壊されたということで、関東軍は「張学良の仕業に違いない！」と直ちに出動します。実はこれ、関東軍の自作自演なのですが、弱腰幣原外交で、日本人が次々死んでいく満州において、こうでもしなければ状況を打破できないと考えたのでしょう。

進撃を続けていく日本は満州全土を占領していきます。ちなみに戦力でみると、圧倒的に日本のほうが少ないのです。それは2倍とか3倍とかいう話ではなく、50倍近い差だったのですが、日本軍は連戦連勝で突き進んでいきます。

政府は追認せざるを得ず、事後承認で事がどんどん進んでいきます。支那はお得意のプロパガンダで「日本の暴虐！」と訴え、日本の立場はどんどん悪くなっていきます。散々挑発や暴虐行為を行ったのは一体誰だったかと問うてほしいものですが、支那は今も昔も被害者プロパガンダのプロです。


「満州を支那本土から切り離すことによって安全を守ろう」ということで、満州国建国が着々と進んでいきました。ここで日本は国際的な根回しをしないままどんどん突き進んでいったために、のちに国際社会からの不信を招くことになります。

日本人はプロパガンダのような対外工作があまり得意な民族ではありません。これは昭和初期も今も同じではないでしょうか。しかし明治時代にはそうした工作活動も活発に行われており、決してできないわけではないのです。歴史から、そうしたことも学んでいきたいものです。

現在も中国や韓国は積極的に侮日宣伝をやりまくっていますが、彼らは正論で勝てないので、感情に訴える「被害者プロパガンダ」を続けています。これは悪徳商法のようなもので、商品に自信があればそこまで言葉はいらないのかもしれませんが、悪徳商法は商品が悪いので、売り方を必死に考えるのです。しかし結局ハリボテなので、本性はいつかバレるのですが……。

それでもあまりアジアのことに関心がない海外の人々にとっては、一回の強烈な被害者プロパガンダが有効に効くのです。

今の日本に置き換えて考えてみるとわかりやすいかもしれません。例えば、日本人があまり関心のない二国間（A国とB国）で、「こんな残虐行為をA国にやられた！　他にもこんなひどいこともやっているぞ！」とB国が宣伝したとしましょう。するとおそらくあまり関心のない国同士のことですから、「A国はひどい国だな……」と大して調べもしないでB国の主張を鵜呑《うの》みにしてしまうと思うのです。

こうしたプロパガンダを有効に使おうとしているのが当時の支那であり、今の中国なのです。それを真似《まね》しているのが、今の韓国です。

満州国には清朝最後の皇帝であり、満州人である愛新覚羅溥儀《あいしんかくらふぎ》を執政に据えます。日本政府も追認していきます。しかし、国際社会からは「待った！」が入ります。

有名な「リットン報告書」には、「満州国は認めないが、満州での日本権益は擁護する」とあります。実は、この報告書は日本に対してかなり同情的な内容だったのです。

教科書でリットン報告書というと、日本の侵略行為を一方的に非難したかのような印象をお持ちかもしれませんが、支那の不法行為を認めたり、特殊すぎる満州事情を書いています。支那側の主張だった、「柳条湖事件以前への回復」も認められませんでした。

こうした日本にも配慮が見られるリットン報告書でしたが、国内世論は燃え上がります。この時代は国策なき時代で、政党政治は党利党略に奔走《ほんそう》し、大局的見地から国策を考える政治家があまりにも少なかったのです。

満州国は日本の傀儡《かいらい》とはいえ、それまで支那の内紛に辟易していた支那人までどんどん移民として入ってきます。支那の統治より日本が関与している満州国のほうが圧倒的に安全だったのです。軍閥に搾取され続けるより、満州国のほうがいいということで人口はうなぎのぼり、貿易額も増えていきます。

満州国を建国してすぐのころは、匪賊《ひぞく》が横行していましたが、関東軍が討伐を行い1年後にはほぼ平定されました。ここが平定されても、まだ熱河省《ねっかしょう》には張学良の義勇軍を編成した反満抗日勢力が気勢を高めていました。

関東軍は満州が混乱する元凶である張学良を一掃するために、「熱河作戦」を実施します。1933年（昭和8年）のことです。この頃になると和平の努力を外交でしていたのですが、熱河作戦に引っ張られてぶち壊しになります。国際世論を味方にする工作をできず、結局日本は国際連盟を脱退するに至ります。

あくまで関東軍は万里《ばんり》の長城を越えた河北には入らない方針でした。しかし、万里の長城から見下ろされる形の日本軍は不利な姿勢に見えたのでしょう。支那は「おっ、こいつら長城内には入ってこないな。じゃあ反撃だ」と兵を集め、熱河省に侵入してきます。こうなってしまっては仕方ないと、やむなく長城を越えた戦いへと向かっていくのです。しかし、長城戦への帰還命令が出された関東軍はいったん退くことになります。

支那としては「なんだ?」という感じです。するとまた、挑発行動を繰り返すのです。挑発行動によってまた交戦状態となります。そして支那軍を追撃していくと支那側が停戦協定を申し出てきたため、ようやく停戦となります。

このとき1933年（昭和8年）5月31日に結ばれたのが「塘沽協定《タンクー》」です。塘沽協定によって、満州事変は一応終結となります。

第４章◆泥沼化する「支那事変」

ルールなしの大陸で、苦闘し続ける日本軍

軍閥が入り乱れ、「内戦状態」の支那、
「人種差別」意識が残る欧米列強、
「共産主義革命」を果たしたソ連……。
日本の〝苦闘〟が続きます―

「戦争」の話 其の33

【軍への期待】

「五・一五事件」と「二・二六事件」はなぜ起こったのか?

幣原外交は「協調」を重視するあまり、「自国の権益や自国民の生命が奪われても何もしない」というもので、日本人にはたまらない状態になります。

政治に期待できない状態で、満州事変が発生し、結果的にこれが日本人の権益や生命を守ることになります。それ以前の昭和恐慌の影響もあり、日本国内は大きな閉塞感《へいそくかん》に包まれていました。すると、世論としては政治に対する不信と相まって〝軍への期待〟が高まっていきます。これに応えるかのように、急進的な者たちがテロやクーデターを行うようになります。

まず昭和恐慌についてですが、1931年(昭和6年)に犬養毅《いぬかいつよし》内閣が誕生し、高橋是清が大蔵大臣になります。

高橋是清といえば不況乗り切りの名人として有名です。高橋は即日金輸出を禁止してデフレ不況を脱し、お金を大量に刷って金融緩和・積極財政を行い、世界に先駆けて恐慌を抜け出すことに成功します。

犬養毅自身は、1932年（昭和7年）の「五・一五事件」によって倒れることになります。腐敗した政党政治を打破しようと、青年将校が台頭してくるのです。犬養は侵入した青年将校に「話せばわかる」と言いますが、「問答無用！」と射殺されてしまいます。

政治への不信感が強く、経済的にもまだ荒《すさ》んでいた当時としては、五・一五事件は世論から歓迎されるという事態になります。

戦後史観だと「軍部の暴走」と片づけられる事件でしょう。しかし、その背景には腐敗した政治への諦めに似た感情があり、もはや期待できるのは軍しかないという世論もあったのです。

「軍部の暴走」だけで片づけてしまうと、本質が見えなくなります。

さらに、1936年（昭和11年）には「二・二六事件」が発生します。当時の陸軍では「皇道派」と「統制派」が対立していました。どちらも陸軍の派閥なのですが、皇道派というのは天皇親政の元で国家改革昭和維新を目指し、対外的にはソ連が大嫌いというか、かなりの警戒をしています。「とにかくソ連に備えよう」という論調です。

一方、統制派は「ソ連対策も大事だが、まず支那に一撃を与えよう」という論調です。統制派が徐々に軍の中央を抑えていくのですが、皇道派は皇道派で行動を起こしていきます。つまり、二・二六事件のように若手将校らが過激な行動に出ることになるのです。

二・二六事件では、高橋是清や内大臣の斉藤実《さいとうまこと》らが暗殺され、首相の岡田啓介も襲撃されます。日本は一時的に政府機関が麻痺《まひ》しますが、昭和天皇が厳命して鎮圧されていきます。

もはや政党政治の時代は終焉に向かっていました。

「戦争」の話
其の34

【国民党VS中国共産党】

共産党が憎くてたまらない蒋介石だったが……

再び支那に目を向けると、蒋介石は中国共産党を掃討する戦いを行います。1930年（昭和5年）から始まり、満州事変の勃発で一時中断ののち継続されて行われていました。

中国共産党の毛沢東は一時中断の機に、瑞金《ずいきん》で「中華ソビエト共和国臨時政府」を樹立します。「まーた、政府ができたよ」と思ってしまいますが、支那ではよくあることです。各地の軍閥が勝手に政府を立てて、「我こそは正統政府だ！」というわけです。

当時は国民党勢力のほうが圧倒的ですから、共産党軍は敗走していきます。仕方なく共産党は「長征《ちょうせい》」を開始しました。長征といえばかっこいい雰囲気がありますが、実質的にはただ逃げているだけです。この過程で、多くの兵士が脱落していきます。

蒋介石の思いとしては、「まず国内をなんとかしよう」ということです。国内を平定してから、日本をなんとかしようと考えていました。

危険度でいえば、共産党勢力のほうが緊急度が高かったのです。それはこれまで蒋介石自身が痛感しているところであり、その後も共産党の危険性を感じていきます。この頃、日支関係が多少改善していたことも大きく影響しています。

面白くないのは、中国共産党勢力と親玉のコミンテルン（ソ連）です。日支関係が改善していくと、日本はソ連への備えに力を入れるようになるのは明白です。もともと日本陸軍の仮想敵国はソ連であり、ソ連側もこれを恐れていました。

長征という名の敗走を終えて延安《えんあん》に到着した中国共産党軍ですが、10万人いた軍勢は6000人ほどになっていたと言います。もはや壊滅的です。

しかし歴史の結果から見ると、彼らはこの時点で圧倒的に優位だった国民党を追い出し、中華人民共和国を打ち立てるのです。

とはいっても、当時は滅びかけの共産党です。そんなとき延命をかけ矛先《ほこさき》を日本に向けさせるために内戦を停止して一致団結抗日を訴えていきます。また、反日組織が増えていくことになりました。抗日テロも乱発されていきます。

支那に安定はありません。常に無法地帯で、大陸で安定しているのは満州国という有様です。だからこそ、満州国へ脱出する人が続出したのです。

「抗日のために、再度国共合作を！」という空気が醸成される中、とんでもない事件が起きます。1936年（昭和11年）の「西安事件」です。

この頃は、中国共産党の軍勢は貧弱で、延命のためには矛先を日本に向けさせる必要がありました。もはや風前の灯火《ともしび》であった中国共産党のことを、蔣介石は「最後の五分間」の段階に入ったと自信を持って言っています。

そんな中で、共産党に寝返った張学良が蔣介石を監禁して、「一致して抗日を！」と迫ります。共産党と戦うのはやめ、むしろ協力して日本にあたる協定に署名させられて蔣介石は釈放されます。これを契機に国共合作に向かうのです。

当時、共産党勢力が「抗日キャンペーン」を展開しており、ここで蔣介石が引くと弱腰ととられかねないため、仕方なく日本に向かっていきます。やけくそといってもいいかもしれません。

中国共産党としては「やったぜ！」という感覚です。コミンテルンの指示は国民党と日本を戦わせて消耗させ、漁夫の利を得た中国共産党が天下をとって共産革命を成し遂げようというものです。

コミンテルンはこの考えのもと各地にスパイを放っていました。

後述するように、コミンテルンのスパイで朝日新聞の記者だった尾崎秀実《おざきほつみ》は、西安事件に際して「蒋介石の生存や国共合作が成し遂げられるであろう」ということを予測していています。

この正確な予測は、彼がスパイなので当然といえば当然なのですが、彼がスパイだと知る由もない国民は「優れた評論家」だと評価していくのです。

「戦争」の話
其の 35

【謎の「支那事変」】

「盧溝橋事件」で、最初に引き金を引いたのは誰だ？

「進むも地獄、退くも地獄」。当時の支那はまさにそういった状況でした。進めば「侵略だ〜!!」とないことないことないことプロパガンダする。退けば「大したことないな」と日本に対して挑発行動を繰り返す。さらに進んでいくと、「侵略だ〜!!」と国際宣伝して……と、無限ループしていきます。そして日本人の生命も失われていきます。

こうした事態にはやはり他国と共闘していくのがいいのでしょうが、日英同盟解消以来日本外交は迷走を極めていました。

そんな折、1937年（昭和12年）7月7日に、「盧溝橋事件」が発生します。当時盧溝橋で演習中だった日本軍に対して、謎の発砲が起きるのです。

日本軍の駐留は、義和団の乱の事後処理を決めた北京議定書に基づいてのことです。他にもイギリス、フランス、イタリアの兵がいました。これによって国民党軍と一触即発の危機になります。

演習自体は支那側にも通知をして行っていました。発砲については、中国共産党が日本と国民党軍をけしかけるために発砲したという説が有力です。

盧溝橋事件自体はすぐに停戦協定が結ばれて、一件落着……とはなりませんでした。停戦協定を結んだ後も支那による抗日工作、挑発行為が繰り返されていくのです。

済南事件でも日本人が虐殺されていましたが、ここでさらに恐ろしい事件が起きます。7月29日に発生した「通州事件」です。「冀東防共自治政府《きとうぼうきょうじちせいふ》」の保安隊による日本人への大規模な虐殺事件のことで、名前くらいは聞いたことがあるかもしれません。はっきり言って、残虐性でいえばトップクラスのひどさでしょう。

通州では、殷汝耕《いんじょこう》が南京政府から自立して冀東防共自治政府が設置されていました。日本は欧米列強と同様に、居留民保護を目的に、北京議定書に基づいて駐留しています。

前述したように盧溝橋事件で停戦協定を結んでも、支那の挑発行為は続き、度々発砲騒ぎが起こっていました。日本としては不拡大方針をとっていたので、それ以上は挑発されてもなんとか我慢していたのです。

そんな中、通州事件が発生したのです。人数も装備も優位に立つ冀東防共自治政府の保安隊が日本軍守備隊を攻撃して壊滅させ、さらに日本人居留民を次々に虐殺していきます。

日本人居留民の住宅は一軒残らず襲撃して略奪や強姦を行い、犠牲者は200人を超え、あまりにひどい殺され方をされたために性別すらわからないという遺体がゴロゴロ出てくるという有様でした。

救援に駆けつけた日本人の証言によると、女性は強姦された後刺殺され、中には陰部を銃剣で刺されているものがあったといい、男性の死体を見ると首を縄でくくられ引き廻した跡があったり、目玉をくり抜かれた上、蜂の巣のようにズタズタに上半身を刺されている遺体があったり、猟奇的で残虐とかいうレベルではありません。

しかし、支那人の残虐性というのはある意味伝統的なもので、歴史的にも数々の残虐な拷問《ごうもん》方法が考えられています。例えば、清の時代には「凌遅刑《りょうちけい》」という処刑方法がありますす。朝鮮でも実施されていたものです。

どういった処刑方法かといえば、生きている人間の肉を少しずつ少しずつ切り落として、長期間にわたって苦しめながら殺すという残酷な処刑方法です。

文化が違うといえばそれまでかもしれませんが、支那は伝統的に死者を陵辱することがしばしばあります。根本的に、日本人とは考え方が違うのです。日本人であれば「死んだらそれまで」という感覚がありますが、支那では死んでからも永遠に追及し続けます。ですから、王朝が代わると前の王朝の墓まで暴くということがしばしば行われていました。

今現在のことを考えてみても、靖国問題などはこうした民族性からきている部分もあるのかもしれません。そもそも今の中国の靖国神社批判は的外れもいいところなのですが、死んでも恨み続けるという民族性が要因としてあると感じてしまいます。

話を戻しましょう。通州事件の情報が日本にもたらされると、当然世論は激昂します。ちなみに、同じ時期に「廊坊《ろうぼう》事件」「広安門事件」という衝突も起きています。盧溝橋で停戦したはずが、日本と支那の関係は泥沼に向かっていくのです。

日本がなんとか和平の道を模索し、あと一歩のところまでいくと毎度事件が起きてしまい、戦火は自然と広がっていきます。

中国共産党としては、なんとしても国民党と日本を戦わせなければいけません。その隙に共産党勢力を拡大し、国民党を打倒して共産主義革命を成し遂げることが第一の目的で、彼らにとっては支那人がいくら死のうが関係なかったのです。

コミンテルンの指示がまさにそれで、日本と国民党の戦線拡大による混乱と疲弊こそ革命を生み出すと確信していたのです。そのために中共はテロと抗日活動を繰り返していました。

8月に入ると、さらに怪しい雰囲気になっていきます。9日には上海の非武装地帯で海軍特別陸戦隊の大山勇夫《おおやまたけお》海軍中尉が、銃で撃たれたのちに顔を潰されるなど陵辱を加えて虐殺される「大山事件」が発生します。

支那はさらに11日から12日にかけて上海停戦協定を無視し、正規兵からなる軍隊を投入しました。問題なのは投入した兵が保安隊の制服を着た偽装保安隊だったことです。

支那では常識が通じません。戦争にしても軍服を着て戦うのではなく、「便衣兵《べんいへい》」といって一般市民になりすまして突然銃撃を加えるという事例が多くありました。このため日本軍は便衣兵の処理に苦労するわけです（それまでも苦労していたが……）。

さらに、支那はこれまた停戦協定に反する要塞化を進めていきます。そして13日早朝には支那兵が日本海軍陸戦隊に攻撃を仕掛けていくのです。14日になると支那は空爆を開始しますが、日本の軍艦には当たりませんでした。しかし、上海租界の爆撃で外国人含む千数百人が亡くなっています。

このように、向こう側から発砲してきたので日本も応戦せざるを得ません。常時この調子ですから非常に疲れます。

戦後の歴史教育では、「日本の侵略」という視点しか教わらないので、一方的に日本が突き進んでいった印象がありますが、日本はむしろ相当な我慢をしていたのです。実際に見ていくと、支那の無法とめちゃくちゃさがわかります。

この時代に、よろしくない人物が総理大臣の座にありました。近衛文麿《このえふみまろ》です。近衛文麿は8月15日に「支那側の帝国に対する軽侮と不法暴虐至らざるなく、我国としては最早《もはや》隠忍その限度に達し、支那軍の暴虐を膺懲し、南京政府の反省を促すため、今や断乎たる措置をとるのやむなきに至った」との声明を発表します。当初の不拡大方針とは裏腹に支那事変は拡大していくことになります。

「第二次上海事変」は、日本が上海を制圧して幕を閉じ、南京攻略戦へと向かっていくのです。もはや事変とはいっても全面戦争の体《てい》をなしていきました。一体どうやったら勝ちなのか、何を目的に戦っているのかもわからぬまま戦いは続いていくのです。

よくわからぬまま広がっていく戦線ですが、日本の世論はイケイケです。戦線拡大を煽っていたのは朝日新聞を筆頭とする新聞でした。その中で朝日新聞にいた尾崎秀実も戦線拡大を煽っていきます。

尾崎秀実はのちにゾルゲ事件で逮捕される人物で、コミンテルンのスパイです。彼は妻にも自分が共産主義者であることを隠して、革命のために自国民すら犠牲にして活動を行っていくのです。

尾崎秀実は対外的には愛国者のように振る舞い、それでいて先ほど書いたように西安事件における行先をズバリ言い当てるなど、「進歩的愛国者」「支那問題の権威者」「優れた政治評論家」として通っていたのです。

しかし彼の目的は明白で、日本を支那での泥沼の戦いに引き込むことによって日本の目をソ連から支那に移しつつ、日本と国民党を戦わせることによって両方を弱体化させ、弱体化した日本と国民党の裏で勢力を拡大した中国共産党が天下をとり、革命を成し遂げるというものです。

こういうと陰謀論のようですが、実際に証拠もいろいろと出ていて、「ヴェノナ文書」というソ連の暗号を解読した文書では、アメリカ政府にも相当数の共産主義者、コミンテルンのスパイが入り込んでいることが明らかになっているのです。

スターリンは世界中にスパイを送り込んでいました。もちろん他の国もやっていることですが、特に工作活動に熱心で成果をあげたことは歴史が証明しています。

尾崎秀実はこうした「優れた評論家」という名声を得て、近衛文麿の側近として国策にまで影響を及ぼす立場にいたのです。本当に恐ろしいことです。

「戦争」の話 其の36

【南京攻略へ】

「大虐殺があった」というのに、南京の人口は増えている!!

上海を激戦の末に平定した日本は「南京攻略」へと向かいます。南京は蒋介石が政府を立てた首都でした。日本で言えば、東京を攻略されるという感覚でしょうか。日本は「首都を落とせば停戦だろう」と考えていました。しかし、支那に常識は通用しません。支那はあまりにも広いのです。

南京自体は、1937年（昭和12年）12月13日に陥落させます。陥落させたのはいいのですが、「じゃあ講和条約を結びましょう」とはなりませんでした。南京戦のとき、すでにドイツのオスカー・トラウトマンを仲介として和平工作を行っていたのですが、失敗します。

蒋介石は、南京を捨てて逃げていました。南京を捨てた蒋介石は重慶《じゅうけい》に遷都《せんと》してしまいます。こうなってはさらなる追撃戦となり、支那事変は泥沼化していきます。コミンテルン、共産主義勢力からすると笑いが止まらなかったでしょう。

南京を攻略した日本国内では、提灯《ちょうちん》行列でお祝いムードが巻き起こりました。そりゃ相手国の首都を落とせば勝ったと思うでしょう。しかしそうはなりません。

この南京攻略の際に、いわゆる「南京大虐殺」があったと言います。中国側の主張だと30万人が日本人によって虐殺されたというのです。しかし、この南京大虐殺というのは〝存在すら怪しい〟として今も論争があります。

まず、中国が主張する30万人などというのは到底考えられないことです。南京戦が始まる前、戦火を避けるために富裕階級は南京を脱出していました。南京は城壁に囲まれていて、その周辺の地域は支那軍が自ら焼き尽くして焦土と化していました（「焦土作戦」）。焦土にすることによって、日本に何も接収させないようにしようということですが、住んでいる支那人にとってみればとんでもないことです。しかし、これは支那では古来より行われていた戦術だったのです。

蔣介石も逃げ出し、南京城内は貧民と兵士だけになります。残った市民たちは、南京中央に設定された安全区になだれ込みます。安全委員会の委員長は、ドイツ人のジョン・ラーベです。

ラーベは南京戦が始まった1937年12月10日の日記に、安全区の人口を「20万人」と記しています。人口についてはある程度信頼できる数字です。というのは、安全区には当然避難民が殺到しているわけですから、食料の確保をしなければいけません。そのために正確な人口把握は必須だったのです。

その後に大虐殺があったというのならば当然人口は減るはずなのですが、どうなったのかというと、1938年（昭和13年）1月の安全委員会の文書には「安全区の人口25万人」と記されているのです。

減るどころか、むしろ5万人増えたというのが実態なのです。避難していた市民が帰ってきたということが考えられますが、もし大虐殺とやらが行われていたのならば、そんなところに戻って来る人がいるでしょうか？　ありえません。

そして戦後、東京裁判において南京大虐殺とやらが取り上げられます。国民党政府が調査に乗り出し、「南京敵人罪行調査委員会」を設置して「南京における日本の犯罪を申告してくれ」と呼びかけたのですが、申告する人があまりに少ないばかりか、聞き取り調査を行うと、ただ唖然《あぜん》とする人や、虐殺を否認する人もいたと言います。

誰も大量虐殺を見ていないし、人口も増えていく……。「いったい何なんだ?!」と思ってしまいます。
「何を言ってるんだ！　大虐殺を示す写真があるじゃないか！」とおっしゃる方もいるかもしれません。しかし、南京大虐殺の証拠写真というのはないのです。トリミング（画像処理）をしたり、タイトルを変えてみたり、「日本人が支那人に虐殺された写真」を「日本人が支那人を虐殺した写真」だと真逆にして、証拠写真と称するものまであります。

東京裁判自体は法律の名を借りた復讐戦でしかないのですが、まともな資料や証拠がないまま当時の司令官松井《まつい》石根《いわね》が責任を問われて絞首刑になっています。

南京大虐殺については、アメリカの原爆投下や東京大空襲に匹敵するような犯罪が日本に見当たらなかったためにでっち上げたという説もあります。

これまで述べてきたように、支那の軍隊はめちゃくちゃなので、民間人に偽装した便衣兵がゲリラ活動をすることが多々ありました。こうした便衣兵に頭を悩ませた日本軍が、南京攻略の際に便衣兵の処理を行ったというのはあるでしょう。

南京についての論争はまだまだ終わりそうにないので、新たな研究の成果を待つことにしましょう。

【最悪の総理大臣】

東條英機より注目すべき、近衛文麿という男

「戦争」の話
其の37

大東亜戦争に向かっていく過程を考える上で、総理大臣を一人だけ挙げるとしたら誰でしょうか？　おそらく、東條英機《とうじょうひでき》を挙げる方が多いのではないかと思います。

確かに、東條英機は最終的に「対米開戦」を決めたときの総理大臣ではありましたが、彼の主導で唐突に戦争に突入したわけではなかったのです。ではそのレールを敷いて行ったのは誰かと考えると、近衛文麿の存在を忘れてはいけません。

近衛文麿は3度にわたって内閣を率いていますが、どの内閣でも歴史に残るようなことをやってのけるのです。その割に東條英機にばかり注目がいくのですが、おかしなものです。

先ほど尾崎秀実について少し触れましたが、尾崎は近衛文麿の側近として日本を泥沼に引き入れるために暗躍していたのです。他にも風見章《かざみあきら》など怪しい人物が近衛の脇を固

めています。

支那事変の直前に第一次近衛内閣が誕生し、そのまま事変に突入するのですが、先ほど書いたように和平工作は失敗に終わります。

1938年（昭和13年）1月14日には交渉打ち切りを閣議決定し、16日には有名な声明を発表します。「爾後《じご》國民政府ヲ對手《たいしゅ》トセズ」というものです。わかりやすく言えば、「国民党は相手にしませんよ」となります。

いろいろな政府ができている当時の支那ですが、それでも一番大きいのは国民党政府だったのです。その国民党政府を相手にしないということは、自ら和平の道を閉ざして泥沼に足を突っ込んでいくようなものです。

日本政府としては蒋介石を諦めて、新政権を期待する強硬論が強まっていますが、参謀本部は逆に日本の戦力を考え、和平による事変の解決を志していました。陸軍の仮想敵は、ソ連です。事変が拡大しすぎるとソ連の脅威に対応できないのです。これも「軍部の独走」という戦後史観で考えると異質なことなのかもしれません。

近衛声明は3回にわたって発表されるのですが、さすがに1回目の「国民政府は無視！」はまずいと気づいて（逆に気づかなかったのか）、のちに軌道修正しています。

2回目の声明では、支那事変は「東亜新秩序の建設」にあると発表します。こうした論調も尾崎秀実の論文を見ると合点《がてん》がいきます。尾崎をはじめ近衛文麿の側近たちが吹き込んだものでしょう。

結局、日本を中心とした東アジアの秩序をつくるということでイギリスやアメリカの反発を招いていくことになり、英米の蔣介石支援も露骨になっていきます。

泥沼に足を突っ込んだ日本は、さらに深みにはまっていくのでした。

「戦争」の話
其の38

【やばすぎる共産主義】

ヒトラーがかすむほどの独裁者、スターリンと毛沢東

独裁者と言えば、よく取り上げられるのはアドルフ・ヒトラーではないでしょうか。しかし、共産主義者のほうが殺した人の数にしても圧倒的に勝っています。20世紀だとヨシフ・スターリン、毛沢東、ポル・ポトなど、彼らが原因で一体どれだけの命が失われたことか……。

共産主義独裁政権ができると、大量粛清《しゅくせい》が行われます。スターリンが大粛清でどれだけの人を殺したのかは議論がありますが、やはり100万単位の命が奪われているのです。

共産主義国は自由とはかけ離れています。すべてが統制され、抑圧されるのです。政府批判などしようものなら粛清です。

尼港事件をはじめ、共産主義者の異常さは日本人も理解していました。1925年

（大正14年）には「日ソ基本条約」によってソビエト連邦と国交が樹立します。しかし共産主義運動が日本でも盛んになると困るわけです。

ただでさえ「天皇制打倒！」「暴力革命！」を掲げるような連中ですから、細心の注意を払う必要があります。そこで、共産主義者を取り締まるために「治安維持法」が制定されました。

支那事変の前になりますが、1936（昭和11年）には「日独防共協定」を結びます。コミンテルンによる破壊工作を警戒していた日本とドイツが結んだもので、コミンテルンの活動について互いに協力して当たっていくものでした。

しかしこの協定は「反英米の協定じゃないか？」と勘違いされます。目論見では三カ国に増やしていくはずが不信感だけ抱かれる結果になります。

満州はまさに反共に対する防波堤でした。ここが陥落すると日本も危なくなっていくわけです。

ソ連は日本に「不侵略条約を結ぼうじゃないか」と1931年（昭和6年）から翌年にかけて提案してくるのですが、怪しさ満点です。なにしろ1920年代にはソ連が条約を結んでおいて攻め込むという事例が多かったのです。

そこで日本は拒否します。実際、ソ連は大東亜戦争末期にも「日ソ中立条約」を一方的に破棄して参戦しています。信用できない気持ちはわかるでしょう。

軍備も整ってくると、ソ連は「日本は支那事変の泥沼にはまっているし、叩けばいけるんじゃないか」とでも思っていたのか、どんどんちょっかいをだしてくるようになりました。自分がまだ攻め込めないときは穏やかなふりをしていますが、いざいけるとなると露骨に侵略するのがソ連です。

満州とソ連の国境紛争は増加の一途です。1938年（昭和13年）には「張鼓峰《ちょうこほう》事件」が発生します。突然ソ連が張鼓峰を占拠し、「ここは俺のものだ~!!」と陣地をつくり出します。日本は抗議するのですが回答はなく、ここに軍事衝突が起きるのです。日本がソ連を撃退して満州国領土を回復します。しかし、ソ連はまたもやってきて侵攻を続けました。日本は奮闘してこれを守ります。

張鼓峰事件はこれで停戦協定が結ばれるのですが、ソ連の越境は「ノモンハン事件」に続いていきます。

ノモンハン事件は、1939年（昭和14年）5月に発生します。最初は満州国軍とモンゴル人民共和国軍の衝突だったのですが、やがて日本とソ連の大規模な軍事衝突に発展するのです。

かつては「近代化されたソ連軍に日本は大敗した」との定説がありましたが、ソ連が崩壊して情報開示がされた結果、実は死傷者はソ連のほうが多かったということが明らかになったのです。ソ連はそれを隠して、外交で引き分けに持ち込みます。

最新式の装備で攻め込むソ連に対して、日本軍は圧倒的に装備が劣っていたのにソ連のほうが被害が大きいのです。「どれだけ強いんだ、日本軍は！」という話です。なるほど、アメリカが徹底的に戦後政策で弱体化させようと考えたわけです。もちろん日本も大きな損傷を受け、結果的には両軍とも大きな打撃を被ったのです。

戦闘のさなか、犬猿の仲だったドイツのヒトラーとソ連のスターリンが「独ソ不可侵条約」（1939年8月23日）を結びます。さらに、秘密協定を結んでポーランドの分割を勝手に決めます。

のちに「独ソ戦」の開戦とともに破棄されることになるのですが、この秘密協定は当時世界を驚愕《きょうがく》させました。日本では近衛文磨から代わっていた平沼騏一郎《ひらぬまきいちろう》内閣が、「欧州情勢は複雑怪奇」と言って総辞職しています。

日本としてはドイツと組んでソ連を抑えるという目論見がありましたが、あてが外れてしまいました。

こうした流れの中で、ノモンハン事件の停戦協定が結ばれることになります。日本は「負けた！」と思っているので、停戦協定では国境線においてソ連の主張が概ね認められる結果となります。ソ連は大損害を受けながらもそれを隠し続け、外交的勝利を遂げます。内心冷や汗ものだったでしょう。

ソ連、支那、日本に対して疑惑を持つイギリス、アメリカ。日本は徐々に追い詰められていきます。

第５章◆「対米開戦」へ

日本はなぜ
アメリカと戦ったのか？

「日米戦争」を望んだのは、
明らかにアメリカ側です。
現在では、その証拠（資料）が
アメリカ内から少しずつ出てきています！

【日独伊三国同盟】

組んではいけない相手と組んでしまった日本

支那事変は日本軍が優位に戦闘を進めているのですが、落とし所もわからぬまま続けていたので、まさに泥沼化していました。

ドイツでは1930年代になると、ヒトラーを指導者とする「ナチス（国民社会主義ドイツ労働者党）」が台頭していきます。1933年（昭和8年）には、ヒトラーの独裁体制が確立されていきます。

ドイツは国連を脱退し、ヴェルサイユ条約を破棄して再軍備に着手しました。「ヴェルサイユ条約で、ドイツにあまりに多くの負担を押し付けすぎた反動」と見てもいいかもしれません。

イタリアも、ベニート・ムッソリーニが「ファシスト党」というわかりやすい名の政党を率いて独裁体制を固めていきました。日本は支那事変で権益のかぶるイギリスやアメリカと対立していくことになり、公然と蔣介石を軍事的に支援していきます。

基本的に日本としては、イギリスやアメリカと戦う理由なんてありません。アメリカとは太平洋を挟んで遠く離れていますし、イギリスもとてつもなく遠いのです。

彼らと話し合うために、外務大臣の松岡洋右《まつおかようすけ》は「日本はドイツ、イタリアと結べばイギリス、アメリカも話をするんじゃないか。なんならドイツと組んでいるソ連も含めた四国でいこう」と考え、「日独伊三国同盟」へと向かっていきます。

第二次世界大戦が始まったときも（1939年／昭和14年）、「不介入」を声明し、英米との関係改善を目指していました。

ドイツは破竹の勢いで進撃を続け、大国であったフランスもあっという間に落としてしまいます。「ドイツ強し」という空気がマスコミなどの報道により高まっていきます。

イギリスにも打ち勝って講和になるんじゃないかとの見方も高まりますが、最後の元老西園寺公望《さいおんじきんもち》などは「今はドイツが勝っているように見えるけれど、結局はイギリスが勝つと私は思う」との予測をしています。

陸軍の中でも「英米と戦争を覚悟してもドイツと組んで南方に行こう」という親独派

の意見が台頭してきます。当初の仮想敵国であるソ連はどこにいったのでしょう……。ソ連のスターリンとしてはウハウハです。

親英米路線だった米内光政《よないみつまさ》内閣（1940年1月〜7月）が倒れ、第二次近衛文磨内閣が発足します。ここでも近衛は歴史教科書御用達の出来事をいろいろやっていくのです。大戦不介入の方針から転換し、ドイツ・イタリアとの協調、南方への進出を目指します。こうして1940年（昭和15年）9月に、日独伊三国同盟を締結する運びとなりました。海軍はじめ反対派も多かったのですが、松岡洋右や陸軍大臣東條英機、近衛文磨の指導によって実現しました。

松岡洋右は、さらにソ連を巻き込もうとソ連に出向いて1941年（昭和16年）4月、「日ソ中立条約」を結びます。これでイギリス、アメリカと話し合いつつ支那事変も収束させようと目論んでいたところ、驚愕の出来事が起きます。

日ソ中立条約の2ヶ月後に、ドイツが独ソ不可侵条約を破ってソ連に侵攻し「独ソ戦」が始まるのです。これは日本にも通告しないまま始められました。ドイツに振り回されて松岡洋右の構想だった日本、ドイツ、イタリア、ソ連で英米と当たろうとの目論見は外れてしまいます。まさに裏目裏目に出ていきます。

日本は近衛文磨の2回目の声明にあった東亜新秩序から発展して、「大東亜共栄圏」の建設を目指して南方に出ていくことになります。当然、コミンテルンのスパイである尾崎秀実らもソ連から目をそらすために積極的に南方進出を煽っていきます。


支那事変が泥沼化する日本としては、蔣介石を支援するための「援蔣《えんしょう》ルート」を遮断《しゃだん》する必要がありました。当時、最大の援蔣ルートは仏印《ふついん》（フランス領インドシナ）にありました。日本はフランスのヴィシー政権と交渉し、援蔣ルートを断ち切るために北部仏印に進駐するのです。

これに不信感を強めていくのはアメリカでした。アメリカは日本に対して「屑鉄《くずてつ》の対日禁輸」を決定します。援蔣ルートについても、ビルマなどを通じて続けていくことになります。1941年（昭和16年）になると銅も制限品目になり、資源のない日本はどんどん追い詰められていきます。

アメリカ、イギリス、支那、オランダの「ABCD包囲網」が形成されていきます。なんとか事態を打開するために、1941年4月より「日米交渉」へと移っていくのです。

そもそも、日本とアメリカはうまくやっていました。日露戦争のときにはセオドア・ルーズベルト大統領が仲介していたり、良い関係を築いていたのですが、いろいろと問題の種はありました。

日露戦争の後、満州に対してアメリカの資本家エドワード・ハリマンが、日本が得た満州の権益に割り込もうと、南満州鉄道の共同経営を持ちかけてきます。最初、日本も乗り気で「桂＝ハリマン協定」という南満州鉄道の日米共同経営に関する予備協定を結びますが、ポーツマス講和会議から帰国した小村寿太郎外相に拒否されてこの協定を破棄してしまいます。

第一次世界大戦のあと、日本はドイツの所有していた南洋諸島の信託統治を委ねられて、アメリカと国境を接するようになります。こうしたことから、アメリカにも少しずつ日本に対する警戒の芽が出ていきます。

猜疑心を抱いたアメリカは、先に書いたように日本とイギリスの挟撃を恐れて日英同盟を破棄させます。ちなみにイギリスとアメリカというと、なんとなく仲がいいイメージがありますが、昔は仲が悪かったのです。

「戦争」の話
其の40

【石油と鉄】

「武器によらない戦争」を仕掛けるアメリカ

この時代は日本のやることなすことすべて裏目に出ていました。資源がないからこそ、資源を求めて東南アジアへ向かっていく南進論があったのですが、当時は石油にしろ、屑鉄にしろアメリカから大量に輸入していました。こうした事情から、アメリカとの交渉は必須でした。日本としては、アメリカと事を構える必要はないのです。

アメリカは「松岡洋右を辞めさせないと交渉しないぞ」と、思いっきり露骨な内政干渉をしてきます。しかし、日本としてはなんとか交渉をという姿勢なので、松岡は辞めるわけですが、大日本帝国憲法だと閣僚が一人辞めるときは総辞職するという慣例があったため、松岡を辞めさせて総辞職し、近衛文麿が続けて第三次内閣をつくります。

こうしてアメリカとの交渉を始めていくわけですが、もうすでにアメリカには交渉する気がないと言ってもいいでしょう。欧州で戦うイギリスにしても支那の蒋介石にしてもアメリカのフランクリン・ルーズベルト大統領は莫大な資金、武器を供与していました。これによって戦争の継続と戦線の拡大に貢献していたのです。

ルーズベルトは「アメリカは戦争しない！」と言って、大統領になった人物です。だからこそ自分から手を出すことなく、武器を大量に送り込むという方法をとっていたのです。イギリスなどは、第二次世界大戦の勃発以来ドイツに追い詰められていましたから、アメリカの参戦を熱望していました。

実際、ルーズベルトは日本を戦争に引きずり込む気満々でした。ルーズベルトの娘婿《むこ》だったドール大佐は、「ルーズベルト大統領は、アメリカ国民に『攻撃を加えられた場合を除いて』外地での戦争に息子たちを送りはしないと繰り返し保証していた。ところが、彼は同時にチャーチル首相に『なんとかして我々の国を戦争に持ち込もう』と約束していた。彼は首相に『私は決して宣戦しない。私は戦争をつくるのだ』と語っている」と述べています。

戦後の歴史観だと日本が一方的に攻めていったかのような印象がありますが、実際はそこに至るまでにアメリカのほうが日本を「絶対日本が戦争の引き金を引かざるを得ない状態」に追い込んでいったのです。

日本に対する「経済制裁」がまさにそうでした。資源に乏しい日本は、資源を止められた場合、自分で取りに行かざるを得なくなるのです。そうしなければ座して死を待つのみです。

日本はアメリカ、イギリスによる経済封鎖により、資源の供給先を他に求めていました。最初オランダとの交渉がなされますが決裂。陸海軍の首脳からは、南部仏印への進駐が提言されていきます。資源の確保と援蔣ルートの遮断のためです。前年の北部仏印進駐もそこまで反発がなかったため、南部仏印進駐が主流になっていきます。

完全に見通しが甘いのですが、日本は南部仏印に進駐し、アメリカにさらに喧嘩《けんか》を売る形になります。アメリカはここに至って、日本の生命線である石油を完全禁輸にする切り札を切ります。

対米交渉はぐちゃぐちゃになっていきます。

「戦争」の話 其の41

ソ連のスパイが、日本政府の中枢に入り込んでいた

【「ゾルゲ事件」の衝撃】

なぜ当時の内閣はこんなに明後日の方向にばかり国策を持っていくのか？　不思議なことですが、その裏にはスパイの暗躍というのが間違いなくあったのです。

当時はいたるところにコミンテルンのスパイや共産主義者が紛れ込んでいました。これまでも書いたように、近衛文麿のブレーンとして政界や言論間に多大な影響を与え、支那事変の戦線拡大を煽りまくり、日本を泥沼へ誘導していったスパイがいたのです。

支那事変が泥沼化していくと、今度は「東亜新秩序」とか「大東亜共栄圏」などのスローガンを打ち立てて米英との対立を煽っていきます。

このように煽る一方で、政権中央にいて国策に関与していたと考えると恐ろしいことです。国粋主義的なことを言って、軍部も少しずつ侵食し、言論によって日本の方向を歪めようと活動していたのです。

尾崎秀実がリヒャルト・ゾルゲを筆頭とするソ連のスパイ組織の構成員であることが発覚したのが「ゾルゲ事件」です。日米開戦の直前、1941年（昭和16年）9月から翌年4月にかけて構成員が逮捕されていきます。

ゾルゲはソビエト連邦アゼルバイジャンで生まれ、のちにベルリンに移住しています。上海でスパイ活動を開始し、のちに日本でのスパイ活動に移行していくのですが、『フランクフルター・ツァイトゥング（新聞）』の東京特派員かつ「ナチス党員」としての滞在です。表面上ドイツ人なのですが、実はソ連のスパイという……。

ゾルゲは上海時代に尾崎秀実と知り合っています。近衛文麿のブレーンだった尾崎を引き入れ、日本政府についての重要な情報を入手していくことになります。筒抜けになった重要情報はソ連に逐次《ちくじ》打電されていきました。

ゾルゲと尾崎秀実は逮捕後、裁判が行われ死刑になります。他にも数百名に事情聴取をし、元老西園寺公望の孫の西園寺公一《きんかず》や犬養毅の三男の犬養健《たける》も取り調べを受けます。西園寺は懲役1年6ヶ月（執行猶予2年）、犬養は無罪となりました。

近衛文麿はこのような共産主義者を近くにおいて政策決定を行っていきました。戦中の1943年（昭和18年）4月に、三田村武夫《みたむらたけお》が近衛文麿と戦局や政局について懇談《こんだん》したとき、近衛は次のように述べたと言います。

「『この戦争は必ず敗ける。そして敗戦の次に来るものは共産主義革命だ。日本をこんな状態に追ひ込んできた公爵の責任は重大だ！』と言つたところ、彼はめづらしくしみじみとした調子で、第一次、第二次近衛内閣当時のことを回想して、『なにもかも自分の考へてゐたことと逆な結果になつてしまつた。ことここに到つて静かに考へてみると、何者か眼に見えない力にあやつられてゐたやうな気がする』と述懐したことがある」

（三田村武夫『大東亜戦争とスターリンの謀略』より）

近衛文麿自身がスパイ説というのもありますが、不明です。ゾルゲ事件以降、彼は共産主義勢力に対する危機感を天皇に上奏していたりします。謎の多い人物ですが、日本を破滅のレールに乗せた首相として覚えておく必要はあるでしょう。

ゾルゲは処刑の際、最後の言葉として「国際共産主義万歳！」と叫んだと言います。尾崎秀実にしてもそうですが、革命のためなら自分の国すら売ってしまうのが共産主義者の恐ろしいところです。

共産主義者関連でいえば、アメリカ政府にも相当浸透しています。先述したように「ヴェノナ文書」は、ワシントンのソ連大使館からモスクワに送った電報を解読したものので、アメリカは戦後もずっとこの暗号の解読を進めていました。

近年、この「ヴェノナ文書」が出てきたりして、新しい情報がわかってきたのですが、当時のルーズベルト政権の周りはソ連のスパイや共産主義者だらけでした。政府には少なくとも300人のアメリカ共産党員がいたと言います。

「戦争」の話
其の42

【石油は血の一滴】

石油の禁輸は、「宣戦布告」と同じである

「石油は血の一滴」とも呼ばれます。資源の乏しい日本にとって、石油の存在は重要でした。いくら軍備があっても、燃料がなければ動きませんし、国内の産業もストップしてしまいます。ですから「石油が入ってこないということになれば、日本の終わり」と言っても過言ではないのです。

対米交渉の中での謎の南部仏印進駐。これによってアメリカは1941年(昭和16年)8月、「石油全面禁輸」という禁断のカードを切りました。

「日本をbabyする(あやす)時期は終わった」とフランクリン・ルーズベルトは11月に述べていますが、資源なき国の資源を止めるとどうなるか。もはや南方へ出て行かざるを得ないとルーズベルトはわかっていたのです。

日本に調査のため二度にわたって訪れ、戦後GHQの諮問《しもん》機関「労働政策11人委員

会」のメンバーとして、戦後の労働基本法の策定にもかかわったヘレン・ミアーズは著書『アメリカの鏡・日本』で次のように書いています。

パールハーバーはアメリカ合衆国の征服を企んで仕掛けられた「一方的攻撃」であるというが、この論理では日本を公正に罰することはできない。なぜなら、私たちの公式記録が、パールハーバーはアメリカが日本に仕掛けた経済戦争への反撃だったという事実を明らかにしているからだ。原因は、1941年7月25日にアメリカ、イギリス、オランダが打ち出した「凍結」令である。三国は自国領内にある日本の全資産を凍結し、貿易、金融関係をすべて断絶した。日本は輸入必需品の80パーセントを「凍結」地域に頼っていたから、三国の行動は日中戦争の泥沼化だけでなく、国内経済の窒息を意味するものだった。

「アメリカは戦争しない！」と言っていたルーズベルトでしたが、実はアメリカから日本への先制攻撃の計画があったことも今では明らかになっています。

1940年（昭和15年）11月以降、ルーズベルトは閣僚や軍部、支那らと謀《はか》って、「支那から日本への爆撃計画」を立てていました。当初は棚上げされたこの計画ですが、1941年春以降に再度検討されます。爆撃機で日本本土を直接空爆するプランの計画書には、ルーズベルトのサインがしてあるのです。ちなみに、この計画はソ連のスパイであった大統領補佐官ロークリン・カリーの提案というのが滑稽《こっけい》です。

ルーズベルトも日本を敵視、日本もアメリカを敵視しています。ソ連としては日米が戦ってくれれば、日米ともに消耗してソ連に目が行かなくなります。混乱が続けば共産主義革命が成し遂げられます。願ったり叶ったりです。

石油の禁輸によって一気に緊張感が高まります。もちろん日本も石油は備蓄していましたが、「平時で2年、戦時で半年」という量です。交渉は続けていくのですが、続けていく過程でも当然石油の備蓄は減っていくわけです。減っていけば空母も飛行機も動かなくなりますし、戦力的にも幅が狭まります。

「このままではジリ貧」と、近衛内閣は9月6日の御前会議（天皇臨席のもと重要な国策を決めるための会議のこと）で「帝国国策遂行要領」を決定します。すなわち「対米英蘭開戦」の準備を10月下旬に終わらせ、10月上旬に日米交渉がまとまらなければ〝開戦〟する方針を決めたのです。

御前会議で天皇は発言しないことが通例となっています。しかしこのとき昭和天皇は、明治天皇の御製を読み上げます。

四方《よも》の海 みなはらからと 思ふ世に など波風の 立ちさわぐらん
（四方の海はみな同胞と思うこの世になぜ波風が立ち、騒ぎが起こるのであろう）

これが偽らざる昭和天皇の御心だったのでしょう。

戦前の日本は天皇の権力が強くて云々《うんぬん》と言われることもありますが、基本的に日本は大日本帝国憲法のもとでの立憲君主制であり、専制君主制ではなかったのです。つまり、臣下が決めたことには基本的にＮＯとは言わないのです。決定が覆《くつがえ》ることはありません。

帝国国策遂行要領が決まり、交渉も残り僅かとなるのですが、10月18日に近衛内閣は総辞職してしまいます。最悪なときに組閣を命じられたのが東條英機です。

それまで東條は強硬に主戦論を唱えていました。むしろ強硬論で近衛を追及するくらいだったのです。ですからまさか自分に大命が降るとは思ってもいなく、「え⁉　俺⁉」と驚愕したと言います。

さらに、「9月6日の帝国国策遂行要領にとらわれることなく」という昭和天皇の意思が伝えられます。つまり、開戦回避のための主戦論を唱える軍を抑えられるのは東條英機しかいないだろうということで大命が下ったのです。それまで主戦論を展開していた東條ですが、天皇の意思とあらば厳格に実行するというのが東條でした。

東條英機はその意思のもとに、開戦回避へ向けて奔走《ほんそう》します。日米交渉の期限を12月まで延ばし、外相には対米協調派の東郷茂徳《とうごうしげのり》を起用し事態の打開を図ります。

日米の懸案だった支那からの撤兵については、段階的に治安確保しつつ進めていく「甲案」「乙案」という二つの妥協案をアメリカに提示する方法をとりました。日本としては「譲歩に譲歩を重ね、ついに譲歩の極に達した」ものです。

こうした日本としてはもの凄い譲歩をした案を持って行きますが、暗号を解読されていたため、事前にこの案はバレていたのです。11月7日に「甲案」を、同20日には「乙案」をそれぞれアメリカに提示しますが、アメリカはことごとく突っぱねます。

アメリカには交渉する気がなかったのです。すべては日本に引き金を引かせるためのもの。11月26日、アメリカ国務長官のコーデル・ハルは、いわゆる「ハル・ノート」を日本に提示してきます。

これは日本を驚愕させました。譲歩の極みに達した「甲案」「乙案」などは完全に無視され、仏印や支那から即時完全撤兵やそれまで話し合っていなかったことをいきなり入れてくるなど、「これまでの交渉はなんだったのか」という内容です。

ハル・ノートを起草したのは、ハリー・デクスター・ホワイトです。ホワイトはルーズベルトが信頼していたヘンリー・モーゲンソウ財務長官の筆頭次官補でした。そんなホワイト、実はソ連のスパイだったのです。「ヴェノナ文書」で明らかになっているのですが、他にもロークリン・カリー大統領補佐官などのソ連のスパイがおり、アメリカも共産スパイに相当侵食されていました。

「ホワイトかと思ったら、実はレッドだった」という、笑えないジョークです。ソ連から考えてみると、日米交渉がうまくいっては困るのです。1941年当時、ドイツの破竹の進撃が続いて、ソ連自体が滅亡寸前まで追い込まれていました。だからこそ、万が一日米が和解してしまうと、国境を接するソ連としては危険です。

日本はドイツがソ連を破った場合、ソ連とも戦うことになると考え、「関東軍特種演習（関特演）」を7月に実施していました。70万人を超える大軍勢を満州北部に集結させ演習を行います。これにはスターリンもビビってしまいます。この時点ではバレていませんが、ソ連はノモンハンで大ダメージを受けていますし、日本軍が恐ろしかったのです。

そんな状況ですからなんとか日米を戦わせて、さらにアメリカからの武器や資金の供与を期待して工作を行っていたのです。その一環が「ハル・ノート」でした。日本は「ハル・ノート」を〝最後通牒〟と受け取ります。

【総力戦研究所】

「日米戦争」の結果を的確に予測していた日本人がいた

「戦争」の話
其の 43

実際に日米が戦争になったらどうなるのか？　これは日本でも当然考えられていました。その中で特筆すべきは「総力戦研究所」の存在です。１９４０年（昭和15年）９月に内閣総理大臣直轄《ちょっかつ》で設置されました。各官庁と民間から若手エリートを集めて、総力戦に向けて若手エリートたちに教育と訓練を行うというのが目的でした。

一期生が入所したのは１９４１年（昭和16年）４月ですが、３ヶ月後の7月には「日米戦争」を想定した総力戦机上演習を行っています。模擬内閣をつくり、研究所から出される状況と課題に対して各方面の各種データを分析して予想していくのですが、熱い議論に議論を重ねた末に出された結論はすさまじく的中するものでした。

総力戦研究所が１９４１年夏に導き出した日米戦争の帰趨《きすう》は、「12月中旬、奇襲作戦を敢行し、成功しても緒戦の勝利は見込まれるが、物量において劣勢な日本の勝機はない。戦争は長期戦になり、結局ソ連参戦を迎え、日本は敗れる。だから日米開戦はなんとしても避けねばならない」というものです。完璧な予測です。

予測できなかったのは、「真珠湾を奇襲する」ということと、「アメリカの原爆投下」くらいのものです。原爆は当時存在していないので、当然といえば当然でしょう。

本来政府や軍の上層部がもっと考えておくべきことを、研究員たちは真面目《まじめ》に考えていました。総力戦研究所の研究員たちが懸念したことは、現実のものとなったのです。

例えば、戦争の終わらせ方にしても、日本がドイツと組んで戦争するとなると、イギリスとアメリカが敵に回ります。そうなると戦争を仲介する大国が不在となるのです。当時、フランスは占領されていますし、落とし所が見つからず長期戦にならざるをえません。他にも懸念材料はいくらでもあったのですが、総力戦研究所の研究成果が出た後、９月６日の御前会議で前述の「帝国国策遂行要領」が決まります。

総力戦研究所について、詳しくは猪瀬直樹《いのせなおき》著『昭和16年夏の敗戦』（中公文庫）をご覧ください。

【真珠湾に向かって】

白人支配に立ち向かった、アジアのリーダー国・日本

「戦争」の話 其の44

進めてきた交渉を無視して、「何の話してるんだ?」レベルの意味不明な「ハル・ノート」という強硬論に出てきたアメリカ。

対米協調の東郷茂徳外相ですら、「ハル・ノート」を見た当時を述懐して、のちにこう述べています。

「ハル・ノートに対する出席者全員の感じは一様だつたと思ふ。米硬派従来の交渉経緯と一致点を全て無視し、最後通牒を突きつけてきたのだ。我々は、米側は明らかに平和解決への望みも意思も持つてゐないと感じた。蓋《けだ》しハル・ノートは平和の代価として日本が米国の立場に全面降伏することを要求するものであることは、我々に明らかであり、米側にも明らかであつたに違ひないからだ。日本は今や長年の犠牲の結果を全て放棄するばかりか、極東の大国たる国際的地位を棄てることを求められたからである。こ

れは国家的自殺に等しく、この挑戦に対抗し、自らを護《まも》る唯一の残された道は戦争であった」

1941年（昭和16年）12月1日の御前会議で、「アメリカ、イギリス両国との開戦」を決定しました。

東條英機は昭和天皇に上奏する際、期待に応えられなかったことに責任を感じ、ガチガチになっていたと言います。その日の朝は早朝、布団に正座して号泣していたということを妻のカツが目撃しています。それほど責任を感じていたのです。

12月8日、日本はハワイ真珠湾を攻撃して戦争の火蓋《ひぶた》が切って落とされました。12月10日には、大本営政府連絡会議で戦争の呼称が「大東亜戦争」に決定されます。「自存自衛」のために、そして「大東亜共栄圏建設」のために日本は戦っていくのです。

大東亜共栄圏とは東亜新秩序から発展していったもので、「欧米諸国に植民地支配されているアジア諸国を解放し、日本を盟主とする新しい国際秩序をつくろう」ということです。実際アジア諸国で義勇兵を支援し、独立運動へ向かいます。

日本は自存自衛の戦いには敗けますが、〝東亜の解放〟という目的は達成したのです。日本の敗戦後、アジアはどんどん独立を果たしていき、世界地図は大きく変貌《へんぼう》を遂げました。

「日本のおかげで、アジア諸国はすべて独立した。日本というお母さんは、難産して母体をそこなったが、生まれた子供はすくすくと育っている。今日、東南アジア諸国民が、アメリカやイギリスと対等に話ができるのは、一体誰のおかげであるのか。それは『身を殺して仁をなした』日本というお母さんがあったためである。

12月8日は、われわれにこの重大な思想を示してくれたお母さんが、一身を賭《と》して重大な決意をされた日である。さらに、8月15日は、われわれの大切なお母さんが、病の床に伏した日である。われわれは、この二つの日を忘れてはならない」

（タイのククリット・プラモード元首相）

「日本はアジアの声を聞け！」と言う人たちは、中国や韓国の意見ばかりを持ってくることが多々あります。しかし、アジアというのならば、中韓以外の国々の声も公平に聞くべきではないでしょうか。

真珠湾攻撃にしても、「一方的な日本の侵略行為だ」とアメリカは大宣伝したわけですが、違った見方もあるわけです。

結びにかえて◆「平和」を望むなら、「戦争」を語れ

「本当の歴史」を次世代へ！

戦術的に、政治的に、
日本は誤った判断をしたかもしれません。
しかし、僕たちのじっちゃん、ばっちゃんは
当時の国際法をきちんと守り、
祖国のために戦ったのです！

「戦争」の話
其の45

【「自虐史観」にNO!!】

日本は決して「侵略国家」ではない！

前章までは、日本が大東亜戦争に至るまでの道のりをざっくりですが見てきました。戦局については、初戦で米英を圧倒しましたが戦線を拡大していった結果、補給もままならなくなり、次第にアメリカの物量に押されジリ貧になっていくことになります。詳しい経過については、また別の機会にやることにしましょう。

とにもかくにも私たちは今こそ、大東亜戦争に至る道のりや流れを再確認する必要があるのではないでしょうか。というのも、日本はこれまであまりに一方的なものの見方をされてきたと思うのです。

「日本が侵略した」と宣伝されてきたわけですが、支那にしろ、アメリカにしろ、ソ連にしろ、日本に対して散々挑発行為を繰り返してきました。アメリカによる対日禁輸は戦争を誘発すると彼らもわかっていたのです。「石油は血の一滴」です。日本は止むに止まれず戦争へと誘われていきました。

「日本だけが悪かった」史観の起源を辿れば、もちろんGHQの戦後政策によるものなのですが、あまりにも日本人は従順すぎやしないだろうかと考えてしまいます。荒れ狂う時代の波の中で、私たちの祖父や祖母は必死に生きてきました。

ただし、日本は何も間違っていなかったとか非がなかったとは思いません。日本も出すぎたところもあるでしょうし、何より政治の失政、統率のとれない陸軍と海軍、大戦略なき戦争の開始と継続によって落とし所のないまま多くの日本人の命が失われたことは、今後の教訓として必ず、必ず押さえておくべきです。

特に、一体何と戦っているのかわからない陸軍と海軍の対立は深刻です。両者は常に予算を取り合っています。陸軍は海軍に予算を取られないように、海軍は陸軍に予算を取られないようにと必死です。重要なことはお互い秘密にしているので、共同歩調がとれず、ミッドウェーで海軍が負けても東條英機すら状況を知らなかったと言います。

正直この点は「何をやっているんだ?」と思ってしまいます。統率のとれなさは致命的で、例えばガダルカナル島の戦いの際には輸送船が次々とアメリカに沈められ、補給がままなりませんでした。そんなときに、陸軍が海軍に「潜水艦で輸送をお願いできないでしょうか」と問いかけるも、海軍は「いやぁそんなこと言っても、潜水艦は艦隊決戦で重要だし、そこまで余裕があるわけじゃないから難しいねぇ」と突っぱねます。すると陸軍は「しょうがないなぁ、じゃあ自分でつくるか」と言います。海軍は「いいじゃないですか。海軍の技術も提供しますよ」……。

そんな調子で陸軍が潜水艦をつくり出すのです。しかも、海軍のものを転用するのではなく、ゼロからつくり始めてそれなりに使えるものをつくってしまうのが若干凄いですが、この連携のとれなさは致命的です。

当時の日本の陸軍と海軍は一致して国難に当たるというよりは、〝軍益〟を優先させていたのではないかと考えてしまいます。

ちなみに、陸軍と海軍では命令系統も違っていて、統帥部《とうすいぶ》は陸軍の参謀本部と海軍の軍令部とに分かれています。日清・日露戦争の頃は明治維新の元勲《げんくん》たちがうまくまとめることができたのですが、それ以降になるとこれが問題になっていくのです。

政治家も力がなく統率がとれません。「戦前、戦中の日本は全体主義だった」と言われますが、そんなことはありません。本当に全体主義をやる気があるのなら、もっと真面目にやっていただきたいものです（皮肉）。

各々がそれぞれ別の方向に向かっていく様を、東京裁判で共同謀議の疑いをかけられた賀屋興宣《かやおきのり》が次のように述べています。

「ナチスと一緒に挙国一致、超党派的に侵略計画を立てたというんだろう。そんなことはない。軍部は突っ走ると言い、政治家は困ると言い、北だ、南だ、と国内はガタガタで、おかげでろくに計画もできずに戦争になってしまった。それを共同謀議などとは、お恥ずかしいくらいのものだ」

これが当時の状況だったのではないでしょうか。

コミンテルンの話もしてきましたが、結局彼らの望む方向に進んでしまった日本にも問題があります。いつの時代も各国の思惑があり謀略があります。これは今も同じです。そうしたものに騙されておかしな方向に向かわないためにも、「陰謀論だ！」と片づけずに、彼らの手法を見直すべきだと思うのです。

石原莞爾《いしわらかんじ》はじめ参謀本部などは対ソ戦に備えるために支那事変にも不拡大方針を提唱していましたし、実際、和平交渉も行われるのですがどれも頓挫します。近衛文麿にしても松岡洋右にしても、周辺に怪しい人物はいくらでもいました。

実際、ゾルゲ事件でもわかるように、裁判をやって立証されたこともたくさんあります。彼らが、共産主義革命を目指して暗躍していたことはまず間違いないのです。アメリカ政府にも共産主義者が多数存在し、前章で挙げたように強硬な「ハル・ノート」を起草したのはホワイトというコミンテルンのスパイでした。

日本人のいいところでもあるのですが、日本人は信じやすく、流されやすいように思います。それまでの考え方を、たった一度の敗戦で、たった数年占領されたくらいで見方を一変させてしまったのです。

未だにGHQ的思想が世の中を覆い尽くしていることについては、彼らの手法が見事に日本人を洗脳したと褒《ほ》めてやるべきでしょう。しかし、もう70年経つのです。日本国憲法は日本人の手でつくられたものではなく、アメリカ製と言ってもいいでしょう（実際、原典は英語ですし）。その起草に携わったチャールズ・L・ケーディスなどは、のちに「え？　未だにあの憲法使っているの⁉」と驚いたと言います。

日本としては「憲法より、まず経済成長」という路線だったのです。これ自体は、当時の情勢を考えても仕方のないことだろうとは思います。しかし、日本が経済的に成長し、余裕ができた時代ですら、憲法改正はできなかったのです。

なにしろ前文から「政府の行為によつて再び戦争の惨禍《さんか》が起ることのないやうにする

ことを決意し」とあるように、「日本が悪いです」と告白しているようなものです。

こんなものをありがたがっている人がいること自体、僕は疑問を感じます。今ではすっかり護憲政党と自称している日本共産党ですが、彼らが日本国憲法制定の過程で現在必死に「守ろう！」と叫び続けている憲法九条に反対していたことはあまり知られていません。

１９４６年（昭和21年）６月26日の衆議院帝国憲法改正案第一読会の審議で「戦争には自衛と侵略があって、侵略を放棄するのは結構だが、自衛まで放棄するのは非常識だ。一国の憲法として不適当だ。ありえない」と共産党の徳田《とくだ》球一《きゅういち》書記長が発言しています。それが今は〝護憲〟と言っているのだからお笑いです。

「戦争」の話 其の46

【靖国神社と護国神社】

本来、何の問題もない「靖国問題」

靖国神社は今もよく問題になります。今年（2015年／平成27年）は、終戦から70年ということで、某国からもまた靖国参拝の批判が来るでしょう。しかし、これは的外れもいいところです。

「A級戦犯が問題だ！」と中国や韓国は言うのですが、いわゆるA級戦犯が合祀《ごうし》されたときには、彼らは全く反応していないのです。合祀は1978年（昭和53年）で、公表されたのは翌年です。報道された後も中国は抗議をしていません。

ちなみに、合祀後も首相が参拝していますが、何も言っていないのです。今なら問題になりそうな8月15日にも参拝しています。それでも抗議はなかったのです。

本格的に問題になっていくのは、1985年（昭和60年）です。当時の中曽根康弘《なかそねやすひろ》首相が「戦後40年」ということで公式参拝を実施すると公言し、実行します。

これに朝日新聞など日本のメディアが火をつけ、中国も反発しだします。構わずに翌年も続ければよかったのですが、中曽根首相は参拝をやめてしまうのです。当時の胡耀《こよう》邦《ほう》主席への配慮だと中曽根首相は述べますが、その〝配慮〟はあっさり裏切られてしまいます。

靖国神社は、日本を糾弾《きゅうだん》する外交カードと化してしまったのです。幣原外交を思い出しますが、中国はこちらが引くと「こいつら弱いな」とみて攻めてきます。日本人には「譲ってもらったら、次はこちらが譲ろう」という配慮がありますが、彼らにはありません。別に彼らがおかしいのではなく、そういうものなのです。逆に、日本人が特殊なのです。

ちなみに「A級戦犯」という呼称ですが、今の「日本にA級戦犯はいない」ということを知っておきましょう。

1952年（昭和27年）に、サンフランシスコ講和条約が結ばれます。締結後に、日本国内では名誉回復の流れができます。「国内外に戦犯として収監されているものを即時釈放せよ」という署名は、なんと4000万人分も集まります。

こうした流れで戦犯の国内法上の解釈も変更され、戦犯として亡くなった方々は法務死として扱い、戦傷病者戦没者遺族等援護法も改正され、恩給の対象となりました。さらに、法律上犯罪者ではないからこそ叙勲の対象にもなっているのです。

国会を見ていると、わかっている人とわかっていない人の差がわかります。民主党などの政党はよくわかっていない人が多いので、普通に「A級戦犯」と言うのですが、安倍晋三首相などはわかっているので「いわゆるA級戦犯」と言います。国会で関連する話題をやっているときに、注目してみると面白いと思います。

そもそも、東京裁判自体が復讐のためのものですし、事後法で裁いたものですから、正当性も甚だ怪しいものです。ちなみにA級とかB級とかC級戦犯などと言いますが、これは罪の〝重さ〟ではありません。

A・B・Cと続くと、罪の重さかな？　と思ってしまいがちですが、単純に〝分類分け〟としてついているだけ。日本語にしたらイ・ロ・ハとなります。ただそれだけのことなのです。

靖国神社には戊辰《ぼしん》戦争以来、国に命を捧げた英霊が246万6000余柱祀《まつ》られています。最近また靖国神社に代わる国立追悼施設をつくろうという動きもありますが、代替施設はいらないでしょう。

そもそも靖国の英霊たちは、「靖国で会おう」といって散華された方がたくさんいるのです。ならば靖国に代わる施設など考えられません。「新しい施設をつくったから、そっちへ行け」とでも言うのでしょうか。実にアホらしい議論です。

あと忘れてはいけないのが、全国にある「護国神社」の存在です。インターネット上でも「靖国靖国」と騒いでいる人はいますが、護国神社について話題にすることは少ないように感じます。地方の護国神社は地方ごとの英霊を祀っているため、より地域に密着した神社になっています。

【戦争と平和】

「「戦争」の話 其の47」

「平和」を希求するからこそ、「戦争」を考える

私たちが今生きているのも、日本のために私たちへ日本を繋ごうと命をかけた日本人がいたからでした。老いも若きも関係ありません。特に戦中は国民が皆協力したのです。

世とともに　語りつたへよ　國のため　命をすてし　人のいさををを
りにふれたる

（明治天皇御製）

国家が国のために散華された方に感謝しないでどうするのでしょう。私たち国民は歪められた戦後史から今こそ脱却するべきなのです。

僕はつらいことがあったとき、「若くして散華した英霊のことを考えたらこんなのは

なんだ」と思うようにしています。そして「若くして亡くなった方の分までしっかり生き抜かなければいけないのだ」とも……。こう考えると、今自分が悩んでいることなど実にくだらないと理解できます。

これまでの日本人は自らの国家のために汗を流し、血を流しました。そうして日本を発展させていったのです。

国民が国に無関心であるなら、国家は衰退していきます。今の日本には「国」というワードで過剰反応する人がいますが、「自分の生まれ育った国が好き」で何の問題があるでしょうか？　むしろ生まれ育った郷土、それを包括する国を愛するのはごく自然な感情です。それにすら反対する人たちが僕には理解できません。

今を生きる私たちが現在進行形で未来をつくっているのです。歴史は繋がっています。戦中、戦後で断絶したわけではありません。

朝海

あめつちの　神にぞいのる　朝なぎの　海のごとくに　波たたぬ世を

（昭和天皇御製）

僕は平和が好きですし、多くの日本人も同様でしょう。しかし、平和を愛好するからこそ、戦争について考えなければいけないのです。

平和を希求するあまり思考停止に陥り、平和のためと相手の要求をハイハイと聞いていても平和にはなりません。それはただの奴隷なのです。

第3章に書いた幣原外交などでわかると思いますが、日本が引くと諸外国はもっと押してきます。私たちは歴史を教訓として、未来をつくるために今行動を選択する必要があります。

もちろん引くべきときもあるでしょう。でもやはり、常時引けばいいかと言えばそんなことはないのです。

今波風を立てないために問題を放置するのは、のちに大きな禍根を残すことになりかねません。

昨今、中国や韓国がやたら歴史歴史と言いつのってきますが、もう解決済みの問題なのです。それでも日本は要求に従って折に触れて頭を下げたり配慮をしています。

しかしどうでしょうか？　彼らの要求はエスカレートを続け、論調はより過激になっていきます。私たち日本人はいいかげん学びましょう。

そして歴史に学び、日本をつくってきた先人に恥じぬ日本をつくっていきましょう。

あとがき　～日本の未来は暗くない!!

やはり、戦後の日本の「空気」というのはおかしいと思います。憲法にしても教育にしても何にしても、日本が「敗戦国」であり続ける体制がずっと今まで続いてきました。

本来ならば、日本の国土に米軍が未だに居座っていること自体おかしいのです。ただ現状を考えると、一部の活動家が言うような「安保破棄！　米軍即時撤退！　基地返還！」のような論は乱暴だと思います。

ならばどうやって日本を守るのか？　この視点が全く欠落しているのです。

コミンテルンの謀略じゃありませんが、その先で誰が得をするのかを考えると、彼らがやっていることがなんとなく見えてきます。もしくは、単純に頭がアレなのかもしれません……。

あくまで、「日本単独で日本を守れるだけの防備を固めた上で、返還」という流れが理想です。しかし、まだ国防に対する国民世論の合意が形成されていません。これは問題です。

メディアをとられていることも大きい。ですが、これは仕方のないことなので、地道に輪を広げていくしかありません。

述懐
かたしとて　思ひたゆまば　なにごとも　なることあらじ　人のよの中
（むずかしいからといって、為すべきことを怠るようでは、人の世の中のことは、決して成功するものではありません）

これは明治天皇の御製です。急進的になりすぎず、じっくりやっていくことが大切です。それは私たちの祖父母の名誉を守るためでもあり、日本の発展のためでもあります。

まずは知ること。そして知ったら伝えること。〝日本を取り戻す〟のには、まだまだ時間がかかるでしょう。

しかし、流れは確実に変わってきています。この流れを大切に、今できることをやっていきましょう。

日本の将来を「悲観的」に見る向きもあります。確かに最近のニュースは暗い話題ばかりですから、悲観的に流れるのもわかります。しかし、僕は未来に「希望」も見出しています。

最近、各地で講演会などに呼んでいただく機会が増えてきました。こうした講演会、特に保守系のものに来場するのは、これまでは年齢層が圧倒的に高かったように思います。

ところが「YouTube」や「ニコニコ動画」を使った情報発信を続けた結果、講演会に中学生から大学生までの若い人たちが来てくれるようになったのです。小学生もたまにいるので驚きます！

熱意ある若者が政治や歴史に興味を持ち、「勉強会や何か行動をするなら、一緒にやりたい！」とも言ってくれます。彼らを目《ま》の当たりにすると、もはや「日本の未来は暗い」なんて言えなくなります。むしろ〝希望の塊〟です。

国家の要は「人材」です。将来を担う若者を、大人たちは積極的に支援していく必要があるでしょう。そうしなければ、日本は良くなりません。

平成二十七年卯月

KAZUYA

〈主要参考文献〉

『戦後日本を狂わせたＯＳＳ「日本計画」二段階革命理論と憲法』田中英道（展転社）
『世界が語る大東亜戦争と東京裁判　アジア・西欧諸国の指導者・識者たちの名言集』吉本貞昭（ハート出版）
『新版 アメリカの鏡・日本』ヘレン・ミアーズ（角川学芸出版）
『総図解よくわかる日本の近現代史』倉山満編（ＫＡＤＯＫＡＷＡ）
『新・ゴーマニズム宣言ＳＰＥＣＩＡＬ 戦争論』小林よしのり（幻冬舎）
『新・ゴーマニズム宣言ＳＰＥＣＩＡＬ 戦争論２』小林よしのり（幻冬舎）
『再審「南京大虐殺」―世界に訴える日本の冤罪』日本会議国際広報委員会、大原康男、竹本忠雄（明成社）
『大東亜戦争への道』中村粲（展転社）
『もういちど読む山川日本近代史』鳥海靖（山川出版社）
『ＧＨＱの日本洗脳　70年続いた「支配システム」の呪縛から日本を解放せよ！』山村明義（光文社）
『大東亜戦争とスターリンの謀略―戦争と共産主義』三田村武夫（自由社）
『明治の御代―御製とお言葉から見えてくるもの』勝岡寛次（明成社）
『日本人なら知っておきたい靖國問題』高森明勅編（青林堂）
『「南京事件」の総括』田中正明（小学館）
『誰が殺した？ 日本国憲法！』倉山満（講談社）
『第一次世界大戦』木村靖二（筑摩書房）
『日本人としてこれだけは知っておきたいこと』中西輝政（ＰＨＰ研究所）
『昭和16年夏の敗戦』猪瀬直樹（中央公論新社）
『侵略の世界史―この５００年、白人は世界で何をしてきたか』清水馨八郎（祥伝社）
『帝国陸海軍の基礎知識―日本の軍隊徹底研究』熊谷直（光人社）
『類纂新輯明治天皇御集』明治神宮（明治神宮）

KAZUYA（かずや）
動画製作者。昭和63年3月2日北海道帯広市生まれ。YouTube、ニコニコ動画にニュース、政治などの話題を「KAZUYA CHANNEL」にてほぼ毎日配信。現在YouTubeのチャンネル登録者は27万人、ニコニコ動画では10万人を突破している。
著書に、『日本一わかりやすい保守の本』『反日日本人』（共に青林堂）、『バカの国』（アイバス出版）、『ここがヘンだよ「反日」韓国』（イースト・プレス）などがある。

日本人が知っておくべき「戦争」の話

2015年5月30日　初版第1刷発行
2015年7月5日　初版第4刷発行

著　者	KAZUYA
発行者	栗原武夫
発行所	KKベストセラーズ 〒170-8457 東京都豊島区南大塚2-29-7 電話 03-5976-9121 http://www.kk-bestsellers.com/
印刷所	近代美術株式会社
製本所	株式会社積信堂
DTP	株式会社オノ・エーワン
装　幀	神長文夫＋柏田幸子
撮　影	大倉英揮
撮影協力	靖国神社

ISBN 978-4-584-13652-2 C0095